Hello,

heute war es in den Medien zu lesen: Kalifornische Bürger bemühen sich, „General Sherman“, einen ca. 2200 Jahre alten Mammutbaum, vor dem derzeit im Sequoia National Park wütenden Brand mit feuerfester Alufolie zu schützen. Für mich war ein Spaziergang durch die Redwood-Wälder eines der Highlights meines Kalifornien-Aufenthaltes. Und ich hoffe sehr, dass General Sherman und die anderen stattlichen Redwood-Bäume einmal mehr überleben und Sie den Baumgiganten so sehen, wie ihn Fotograf Martin Sasse auf S. 60 festgehalten hat.

UNTERWEGS IM GOLDEN STATE

Die letzten Bilder für diesen DuMont Bildatlas hat Martin Sasse Anfang 2020 aufgenommen. Eigentlich hatten wir geplant, den Band noch im selben Jahr herauszugeben, dann kam Corona und niemand konnte in die USA reisen. Mittlerweile stehen die Chancen gut, dass Reisen durch den Golden State ab 2022 wieder möglich sind. Wenn dem so ist, sollten Sie eine Reise an die Westküste der USA planen. Kalifornien ist eines der tollsten und vielseitigsten Reiseziele der Welt – was Sie dort keinesfalls versäumen sollten, verraten wir Ihnen auf S. 6/7.

EINE REISE ZU DEN STERNEN

Etwas abseits der gängigen Routen liegt der Anza-Borrego Desert State Park. Hier funkeln die Sterne weitgehend unberührt von Lichtverschmutzung. So lassen sich Sterne und Sternbilder entdecken, die ansonsten mit bloßem Auge nicht erkennbar sind. Ich habe hier die Milchstraße so wahrgenommen, wie ich sie noch nie vorher sah, mehr über den Sternenpark und was Sie dort alles unternehmen können, erfahren Sie in der Rubrik „Zur Sache“ auf S. 46 ff.

Herzlich

Ihre

Birgit Borowski
Programmleiterin DuMont Bildatlas

Eine enge Bindung zu Kalifornien hat die Journalistin und Autorin Ulrike Wirtz schon seit ihrer Studienzeit. Seitdem besucht sie regelmäßig Freunde an der Westküste und schwärmt übrigens auch für die tollen Wintersportbedingungen im Golden State.

22

Im Wilshire Center mit dem höchsten Skyscraper der Westküste spiegelt sich die Wirtschaftsmacht Kaliforniens.

54

Von der Natur geformt in Jahrtausenden: Seen wie der Mono Lake, High Sierra

108

In Napa und Sonoma lässt sich das Leben feiern.

Impressionen

8 Verwunschene Seen und gigantische Bäume, Bahnen und Hotels mit Nostalgie, Städte voller Leben und einsame Strände – Kalifornien in allen Facetten.

Los Angeles & Greater Area

22 **STADT DER TRÄUME UND TRÄUMER**
Die Metropole verändert sich – es geht hier nicht mehr nur um Hollywood und Beverly Hills.

ZUR SACHE
32 **OHNE GLANZ UND GLAMOUR**
Unterschiedliche Programme eröffnen den zahlreichen Obdachlosen in Los Angeles neue Perspektiven.

34 **CITYPLAN | INFOS | JA NATÜRLICH**

San Diego & Südosten

38 **ZWISCHEN HIP UND HOT**
Zum maritimen San Diego mit seinem hohen Wohlfühlfaktor gesellen sich hübsche Inseln und aufregende Wüsten.

ZUR SACHE
46 **REISE ZU DEN STERNEN**
Im Dark Sky Park im Anza-Borrego Desert State Park funkeln die Sterne unberührt von Lichtverschmutzung.

50 **STRASSENKARTE | INFOS | JA NATÜRLICH**

Unsere Favoriten

20 **Coole Adressen ...**
... für den Sundowner: Rooftop-Bars

64 **Top-Locations**
Einzigartige Orte für den Aufenthalt – in der Wüste wie auf dem Wasser

94 **Wogen, Himmel und mehr**
Von den Beach Boys besungen: Kaliforniens lange Strände, mal Sand, mal Fels, immer mit Beach-Flair

Nationalparks & High Sierra

54 **VOM EL CAPITAN INS TAL DES TODES**
Nationalparks und Seen faszinieren mit Naturerleben, die imposante Wüste mit ihrer Lebensfeindlichkeit.

66 **STRASSENKARTE | INFOS | JA NATÜRLICH**

San Francisco & Umland

70 **SEHNSUCHTSZIEL, WELTWEIT**
Im hippen San Francisco erfährt man, wie multikulturell und liberal eine Gesellschaft leben kann.

ZUR SACHE
80 **WIRTSCHAFTSMACHT KALIFORNIEN**
Der Bundesstaat Kalifornien ist wirtschaftlich top! Und zeigt auch Größe im Umweltschutz.

82 **CITYPLAN | INFOS | JA NATÜRLICH**

Central Coast & Central Valley

86 **BERAUSCHENDE NATUR**
Über die Traumstraße an der buchten- und felsenreiche Küste entlang und dann in den Garten Eden.

96 **STRASSENKARTE | INFOS | JA NATÜRLICH**

Nördliches Kalifornien

100 **NATURAL BEAUTY**
Lange Sandstrände, riesige Redwoods und Obstwiesen – Vielfalt des Nordens.

ZUR SACHE
108 **GUTE TROPFEN IM ÜBERFLUSS**
Sonoma und Napa können Wein ...

112 **STRASSENKARTE | INFOS | JA NATÜRLICH**

Anhang

116 **HILFREICH & NÜTZLICH**
119 **REGISTER, IMPRESSUM**
120 **URLAUB ERINNERN**
122 **VORSCHAU, LIEFERBARE AUSGABEN**

Das Beste erleben

Berührend, aufregend und spannend ...
sind unsere Ideen, die wir für Ihren Aufenthalt
in Kalifornien zusammengetragen haben.

Imposante Natur

• 1 •

YOSEMITE NATIONAL PARK

Hochalpine Wildnis, ein Tal mit Romantik und zentral der El Cap – ein Berg wie ein Monolith.
Seite 67

• 2 •

DEATH VALLEY NATIONAL PARK

Kühle bringt der Winter, Blüte das Frühjahr – sonst ist es höllisch heiß.
Seite 68

Große Kunst

• 3 •

OSCAR MUSEUM, LOS ANGELES

Das Academy-Museum of Motion Pictures huldigt im neuen Haus den Künstlern und Künstlerinnen des Films und der Filmindustrie.
Seite 35

• 4 •

GETTY VILLA, PACIFIC PALISADE

Der Milliardär Getty baute die Villa dei Papiri nach. Viel ist hier echte Antike.
Seite 36

• 5 •

CHANNEL ISLANDS MARITIME MUSEUM, OXNARD

Könner formten historische Segler akribisch en miniature nach.
Seite 36

• 6 •

GOLDEN GATE BRIDGE, SAN FRANCISCO

Die Brücke ist einmalig anzusehen – bei Sonne und Nebel – und weckt Träume wie keine zweite.
Seite 84

Frischer Schwung

*** 7 ***

MAMMOTH LAKES

... steht für Wintersport „at its best“ – der griffige Schnee unter den Skiern liegt 15 Meter tief.
Seite 68

*** 8 ***

CASTLE ROCK STATE PARK

Outdoor im südlichen Silicon Valley lässt sich Klettern erlernen – im Park bei Santa Cruz.
Seite 85

Reiner Genuss

*** 9 ***

BIG SUR

Hier den Sonnenuntergang zu sehen, macht fast demütig. Ideal: Bixby Bridge am Vista Point.
Seite 98

*** 10 ***

POINT REYES NATIONAL SEASHORE

Unverbaute Natur am Meer – im Hinterland 1-a-Seafood und Topweine.
Seite 113

*** 11 ***

REDWOODS

Die Redwoods sind wie Kathedralen der Natur, und das seit 1000 Jahren und mehr. Vom Riesenwald geht eine magische Ruhe aus.
Seite 114

*** 12 ***

FIREHOUSE RESTAURANT, SACRAMENTO

Das alte Feuerwehrhaus steht für sehr gute Küche und eine feine Weinkarte, dick wie ein Buch.
Seite 115

GESCHÜTZTE SCHÖNHEIT

Vom Yosemite Valley ragt steil und schroff der El Capitan auf, ein Granitfelsen, der sich im Merced River spiegelt. Der umgebende Yosemite National Park verdankt sich auch einem gebürtigen Schotten: John Muir war so überwältigt von dieser Naturschönheit, dass er sich für ihren Schutz starkmachte.

AUS URALTER ZEIT

Typisch für die jahrhundertealten Redwoods: Sie breiten ihre Kronen erst weit oben aus, sodass darunter Räume wie Kirchengewölbe entstehen und eine sakrale Stille wie etwa im Kölner Dom. Ihren Namen haben sie von der roten Rinde. Ist die Senate Group eher lichtdurchflutet (Foto), erleben Spaziergänger in anderen Abschnitten einen „dunklen Wald“ aus jahrhundertealten Baumriesen.

UNGLEICHE NACHBARN

Die Painted Ladies, bunt gestrichene Holzhäuser am Alamo Square Park in San Francisco, stehen für den viktorianischen Stil in der Architektur zum Ende des 19. Jahrhunderts. Ihr historisierender Stilmix kontrastiert mit dem Bild, das die Stadt von sich (im Hintergrund) entfaltet – und das eine ganz im Hier und Jetzt agierende Kultur- und Finanzmetropole beschreibt.

WARREN
FREEDOM IS
IN PERIL
DEFEND IT
WITH ALL
YOUR MIGHT

GUCCI
POWELL & HYDE Sts.
FOG HARBOR FISH HOUSE
PIER 39
24
SAN FRANCISCO MUNICIPAL RAILWAY
POWELL AND MARKET
HYDE AND BEACH
FISHERMANS WHARF
24
EXPRESS

SCHÖN NOSTALGISCH

Alle teilen sich die nostalgische Cable Car von 1873 – sie ist ein Touristenmagnet, doch die Bewohner von San Francisco nutzen sie ab und an ebenfalls. Die Cable Car kurvt nämlich sehr praktisch durch Downtown und den Norden von San Francisco.

JAWS
2,535
MI.
Malibu
150
MI.
TACOS

ALTER GLANZ

Nach einem Tag in San Diego oder auf Coronado Island, wo Villen von adrett bis protzig das Bild prägen, kehren Gäste gerne ein ins legendäre Hotel Del Coronado und genießen ihren Drink im sanften Licht der Abendsonne auf der Terrasse – es muss eben nicht immer Rooftop sein.

DER BRANDUNG LAUSCHEN

Eine berauschende Naturkulisse, an der sich Reisende kaum satt sehen können: Big Sur. Der berühmte Highway 1 (CA 1) führt von Monterey gen Süden an der Pazifikküste entlang. Immer wieder laden Naturstrände wie der Garrapata Beach hier zum Baden ein oder dazu, der mal stärkeren, mal ruhigeren Brandung einfach nur zu lauschen.

Die besten Rooftop-Bars

COOLE ADRESSEN FÜR BLAUE STUNDEN

Wenn die Sonne im Meer versinkt, sind Open-Air-Bars auf Dächern an der Küste besonders gefragt. Die meisten Gäste geben sich andächtig dem Augenblick hin. Oft haben Hotels angesagte Rooftop-Bars, bewirten natürlich gerne auch Externe. Die folgende Auswahl ist subjektiv, die Preise reichen von normal bis sehr teuer.

1

SINGLE THREAD RESTAURANT INN, HEALDSBURG

Hier wachsen Kräuter, dort blüht Hibiskus, dazwischen stehen leichte Lounge-Möbel – Gemütlichkeit im Gärtchen und auf der Dachterrasse des Single Thread im Sonoma Wine Country. Das Gourmetrestaurant mit japanisch inspirierter Küche ist dem *Guide Michelin* drei Sterne wert. Ein Drink als Sundowner auf dem Rooftop mundet, während das Auge über das Gärtchen zu den Weinbergen, Feldern und zur Farm schweift, die zum Single Thread der Eheleute Connaughton gehört, dem Küchenchef Kyle und der Farmerin Katina. Ein erfrischender Sundowner ist etwa der fein perlende Sparkling Rosé von Gloria Ferrer aus Sonoma.

Single Thread,
131 North St., Healdsburg,
Tel. 1707 723 46 46,
www.singlethreadfarms.com

2

LA CASA DEL CAMINO, LAGUNA BEACH

Die Brise auf der Dachterrasse wird abends manchmal chilly, etwas kühl – so exponiert liegt das Traditionshotel La Casa Del Camino direkt am Meer. Dafür ist der „Spicy Margarita“, das Weekly Special seiner Open-Air-Bar am Montag, ziemlich hot. Außer Cocktails kredenzt das Haus vor allem süffige kalifornische Weine. Das Hotel wurde in den Goldenen Zwanzigern im altspanischen Schnörkelstil erbaut. Seine Bar auf dem Dach folgt diesem Design.

La Casa Del Camino,
1289 S Coast HW,
Laguna Beach,
Tel. 1855 634 57 36,
www.lacasadelcamino.com

3

SKY BAR, LOS ANGELES

Der Name steht für die Lage im 20. Stock – vor dem Panorama von Skylines und den grünen Hügeln von West Hollywood. Welch himmlische Aussichten. Die Bar ist, was man cool gestylt nennt, und mit dem Pool verbunden. An Bar und Pool gilt freitags bis sonntags und jeden Abend „21+ only". Die Gäste geben sich mondän, der Dresscode ist casual, aber bitte schick – heute smart fashion casual genannt. Promidichte ist nicht garantiert, auch wenn Hotel und Bar zur Lifestyle-Group SBE (Accor) gehören.

Hotel Mondrian, 8440 Sunset Blvd., West Hollywood (LA), Tel. 1323 848 60 25, www.mondrian.allhotels california.com

4

ALTITUDE SKY LOUNGE, SAN DIEGO

Im 22. Stock kann der Gast wählen – zwischen Aussicht auf Bay und Ozean oder lieber auf San Diego Richtung Binnenland. Unten liegt direkt das Amüsierviertel Gaslamp Quarter bzw. Gaslamp District, wie es auch heißt. Besonders lohnend: die Sunset Hour, sprich Happy Hour mit Specials, von Montag bis Freitag 17.00–19.00 Uhr.

Marriott Hotel Gaslamp Quarter, 660 K St., San Diego, Tel. 1619 696 02 34, https://altitudesky lounge.com

5

CHARMAINE'S, SAN FRANCISCO

Was braucht es mehr an einem Abend in der Stadt am Golden Gate: schöne Aussichten über San Francisco, einen kuscheligen Lounge-Sessel und einen coolen Drink (s. S. 77). Bei kühler Brise und Nebel, die durchaus in diesen Pazifik-Gefilden vorkommen, nimmt man drinnen in der Bar Platz und berauscht sich oben über der Market Street schon am Muster- und Designmix im angesagten Vintage-Look. Charmaine's Cocktailliste reicht von „Afternoon Spritz" bis zum „Fifi The Flea" – Frozen Tequila mit süß-sauren Ingredienzien.

Proper Hotel, 45 McAllister St./1100 Market St., San Francisco, Tel. 1415 786 34 67, www.properhotel.com

6

THE FIFTH, ANAHEIM

In Anaheim etwas landeinwärts von Los Angeles fehlt es selbst im fünften Stock an der Aussicht aufs Meer. Dafür lässt sich im Fifth – so nennt sich die Rooftop-Bar – richtig gut chillen. Die Lounge-Möbel sind einladend, die kleinen Feuerstellen stimmungsvoll, der Service ist gut und alles angenehm „down to earth", recht bodenständig, gerade nach einem Tag im hippen West Hollywood, im noch mehr gehypten Beverly Hills oder nach viel lautem Fun im Disneyland gleich gegenüber vom Fifth.

Hotel Grand Legacy at the Park, 1650 S Harbor Blvd., Anaheim, Tel. 1714 772 08 99, www.grandlegacyhotel.com

1

4

1

TWO RODEO DRIVE
Breguet

Los Angeles & Greater Area

*

STADT DER TRÄUME UND TRÄUMER

*

Trotz Hollywood und Filmkult galt Los Angeles vielen lange als kulturlos. Dabei hat die Weltstadt einiges zu bieten und hat sich insgesamt spürbar verschönert. Ihre tolle Beach-Kultur ist legendär.

Mancher träumt davon, seinen Fuß am teuren Rodeo Drive in Beverly Hills genau dorthin zu setzen, wo jüngst womöglich Brad Pitt entlanglief.

Zum Konzept des Songbird Cafés am Blossom Plaza in Chinatown gehört ein ambitioniertes Cocktail-Programm. Barmanager Jesse Martinez kredenzt hier den Spezialdrink „The Stranded".

Der Wilshire Tower (oben) ist mit 335 Meter nun der höchste High-Riser der Metropole. Tolle Ausblicke bieten auch mehr oder weniger „begrünte" Terrassen hoch oben an Gebäuden in Downtown (rechts).

Big Business steht mit der Silhouette von Los Angeles vor Augen.

Entschleunigung verspricht ein Bummel durch die Gassen von Chinatown.

Als Teeniehysterie kann man es nicht abtun, dass Heidi Klums „Meedchen" loskreischen, wenn es für sie bei „Germany's Next Topmodel" heißt: ab nach Los Angeles. Schon 1781, als die Spanier der Siedlung ihren Namen gaben, erschien sie als Versprechen schöner Träume: Town of Our Lady the Queen of the Angels of Porciúncula. Viel später galt die Stadt der Engel wegen Hollywood als Hotspot großer Hoffnungen und wurde oft darauf reduziert.

Dabei waren Herz und Geschäft immer da: ob wirtschaftlich, siehe die Ölfunde ab den 1930er-Jahren oder die großen Häfen in der Greater Area; ob musikalisch, siehe Frank Zappa oder Grateful Dead in den 1970ern; ob kulinarisch, siehe Starkoch Wolfgang Puck aus Österreich; ob sportlich, siehe Tennisstar Serena Williams, die von Los Angeles aus ihre Karriere startete.

AUFGEBLÜHT, URBAN UND EXTRAVAGANT

Lange galt die Stadt als kulturlos jenseits von Glanz und Glamour der Filmindustrie. Dass dem nicht so ist, betont Los Angeles in Downtown mit den extravaganten Kulturtempeln Walt Disney Concert Hall und dem Broad Museum. Überhaupt Downtown. Wie ansprechend hat sich das Zentrum verändert – wirkte es doch lange vielerorts öde und wurde gerade abends zum Ort der Drogenabhängigen und Dealer. Den Wandel läutete die Multifunktionsarena Staples Center ein: Sie eröffnete 1999 und zieht viele Menschen an, nicht nur wenn die Profi-Basketballer der Lakers und Clippers und die Eishockey-Profis Kings in der Halle spielen.

Parallel wurden und werden alte Häuser renoviert und verlassene Bürogebäude umgewidmet, somit bietet Downtown wieder lebenswerten Wohnraum. Mit den neuen Wohnungen siedelten sich junge Marken an wie Zara, Cafés mit Gratis-WLAN. Farmers Markets blühen auf, wie am Pershing Square.

EIN GIGANT UND EINIGE GEGENSÄTZE

Der neueste Hit in Downtown: der Wilshire Grand Tower. Der gläserne Gigant beherbergt auf 73 Etagen Büros, Luxuswohnungen und das Hotel Intercontinental mit Lobby im 70. Stock. Zudem wird die Metro Rail in Downtown erweitert. Seit 2017 schafft die Metropole 200 E-Busse pro Jahr an und investiert massiv in Fußgänger- und Radwege. „Das passiert auch, weil Los Angeles die Olympischen Spiele 2028 ausrichtet und dann weit weg sein will vom oft zitierten Verkehrsinfarkt", so Bob Armstrong von der Yacht „Nordic Star" am Newport Beach (s. S. 65).

Zur Stadt gehören aber weiterhin die großen Unterschiede zwischen Arm und Reich – hier die

»DIE DIMENSION EINER GROSSSTADT BEMISST SICH DANACH, WIE TIEF MAN UNTER UND WIE HOCH MAN ÜBER DIE ERDE GELANGEN KANN.«

Cees Nooteboom, Schriftsteller

Rechts: Das Petersen Automotive Museum war einst Einkaufszentrum. Hinter neuer Fassadengestaltung durch Kohn Pedersen Fox lässt es nun Herzen von Oldtimerfans höher schlagen.

Macher-Welt der Filmschaffenden und ihr Symbol, der Schriftzug „Hollywood", der seit 1949 in seiner jetzigen Art existiert und anfangs, 1923, nur ein Maklerschild war. Aber gerade dort, im östlichen Downtown LA, leben auch die vielen Obdachlosen.

NEUE KULTURIKONEN UND ALTE SCHÖNHEIT

Mit drei Kulturtempeln auf einem Fleck gelang in Downtown ein stadtplanerischer Traum. The Broad wurde 2015 gebaut und zeigt zeitgenössische Kunstwerke aus der Sammlung der Eheleute Broad. Das Gebäude, ein Entwurf des renommierten Design-Studios Diller Scofidio + Renfro, wirkt optisch erst schlicht, dann raffiniert mit den Fassaden in Rautenstruktur. Die 2003 errichtete Walt Disney Concert Hall ist das Zuhause der Los Angeles Philharmonics und als Ikone umstritten. Denn Star-

»IN LOS ANGELES, EVERYONE IS A STAR« – IN LOS ANGELES IST JEDER EIN STAR.

Schauspieler Denzel Washington, Los Angeles

architekt Frank Gehry formte sie wie eine abstrakte Skulptur aus Edelstahl, für manche zu abstrakt. Die zwei gesellten sich zum modern-schlichten MOCA, das 5000 Werke aus der Zeit ab 1940 ausstellt.

Um die Ecke wartet schön Altes: Union Station im Marmor-Art-déco von 1930; der Grand Central Market am Originalplatz von 1917 und Traditionstreff; das Million Dollar Theatre, auch von 1917, rundum der älteste Filmpalast, und das Bradbury Building von 1893 aus rotem Backstein, wie damals typisch. Alles liegt fußläufig beieinander.

Ein Eyecatcher – „Tulips" von Jeff Koons in The Broad (Mitte oben). Weniger blumig und bunt geht's in der Lobby des California Science Center zu (unten).

TURNAROUND IM ARTS DISTRICT

Frisches Leben kehrt verstärkt in das Industriegebiet östlich von Downtown ein, auch schon länger Arts District genannt, weil Künstler sich in verlassenen Werkstätten ansiedelten. Jüngst zog die Warner Music Group mit 650 Mitarbeitern in die Ford-Gebäude, wo vor 100 Jahren Autos entstanden. Seit 2018 hat das IT-Start-up Honey seinen Sitz in der 1915 begründeten Coca-Cola-Fabrik. Auch Spotify

Oben: Als skulpturaler Bau trifft die Walt Disney Concert Hall in Los Angeles, entworfen von Frank Gehry, nicht nur auf Bewunderung.

Links: Vor dem Eingang des Getty Center steht neben der beinahe schwebenden „L'Air" von Aristide Maillol (vorne; 1938/1962) ein „Boy with Frog" (2008) von Charles Ray.

Schaulustige bevölkern den Rodeo Drive nicht nur am Wochenende – allein der Preise wegen ist für viele Flanieren die Devise …

residiert schon im District. Und ein neuer Bürokomplex ist Industrie-Architektur pur. Im Arts District herrscht mehr als buntes Treiben in Galerien und Kneipen.

NICHT NUR NAMEDROPPING IN HOLLYWOOD

Bleibt das Gesamtkunstwerk Hollywood und Beverly Hills, wobei der erste Ort eher für die Arbeit steht, der zweite für den Lifestyle. Beide sind weltweit spezielle Projektionsfläche solcher, die beim Film Karriere machen möchten. Selbst Mitglieder der britischen Royals zogen deswegen jüngst ins nahe Santa Barbara. Der Gegensatz tritt offen zutage: zwischen denen, die es geschafft haben, und denen, die träumen – wie Tourguide Justin. Er führt durch die klassische TMZ Celebrity Tour, dieses Vergnügen, das kurzweilig ist, gespickt mit Promi-Namen und an wichtigen Adressen vorbeiführt. Justin hatte sich so vorgestellt: „Ich bin einer von den vielen, die zum Film wollen. Das hat noch nicht geklappt. Sonst wäre ich nicht hier.“ Grinst, fährt fort: „Im Ernst – viele, die in Shops, Lokalen oder an Tankstellen jobben, hoffen aufs entscheidende Casting. Die erkennst du am meist blendenden Aussehen.“

Die Tour startet in Hollywood und endet dort. Unterwegs erzählt Justin viel Klatsch und Tratsch. Zuerst geht es über den Sunset Strip mit dem schillernden Nightlife und dem historischen Château

Universal Studios (links) und Hollywood-Schriftzug (rechts): Die Ikonen der Filmwelt sind ganz nah.

Der Walk of Fame ist auch Ziel der TMZ Celebrity Tour durch Hollywood – wer gerät da nicht ins Träumen …

»VIELE, DIE IN SHOPS, LOKALEN ODER AN TANKSTELLEN JOBBEN, HOFFEN AUFS ENTSCHEIDENDE CASTING.«

Hoher Nostalgiefaktor in Solvang bei der Kutschfahrt im Sommer durchs Dorf

Türkisblaues Wasser und heller Strand vor den Klippen: Crescent Bay Beach ist eine Bucht am Laguna Beach

Marmont, dem eher diskreten Hotel der Stars; „wer gesehen werden möchte, steigt im Beverly Hills Hotel ab"; vorbei am Equinox Gym, „wo auch Stars schwitzen"; an der Music Hall Viper Room; am BOA Steak House, „hier schlemmte schon Oprah Winfrey", die Talkshow-Moderatorin; über den Santa Monica Boulevard durch das angesagte West Hollywood. Am Ende steht der Hollywood Boulevard mit den Sternen seiner Stars am Walk of Fame. Der letzte Stopp: das Dolby Theatre, wo die Oscars verliehen werden.

Der kleine Bus tourt auch durch Beverly Hills – in den Hügeln rechts des Wilshire Boulevard versteckt sich die Villenenklave der Stars, „das ist schon auch wie ein Getto" (Justin). Dann kommt der Rodeo Drive, eine Ansammlung von Luxusboutiquen gerade auch europäischer Nobelmarken.

LEBENSADERN DER TRÄUMER

Die eine – der Sunset Boulevard – ist auf 35 Kilometern Schaufenster von Hollywood bis zum nobel-ruhigen Pacific Palisades. Etwas weiter machten Celebrities Malibu zu ihrem Beach-Hotspot. Unterwegs am Sunset ist LA mal mexikanisch: in Echo Park, mal gelehrt: in Westwood mit dem Uni-Campus der UCLA. Mal glamourös: in Bel Air. Die zweite Lebensader, der Wilshire Boulevard, verbindet auf 26 Kilometern Downtown mit Santa Monica Beach, ist in Beverly Hills Adresse von Tophotels. Bis er am Meer bei Santa Monica und Venice endet. Hier wie dort an den Beaches: Die Bodys sind gut geformt, die T-Shirts knapp, die Haut ist gebräunt – ganz angesagtes kalifornisches Klischee.

Easy mit festem Boden unterm Brett ...

SURFEN FÜR OLYMPIA

Wellenreiten feierte 2021 als olympische Disziplin Premiere. Dadurch bekommt so mancher Lust am Surfen. Zum Erlernen ist Huntington Beach ideal.

Anfänger brauchen Platz – auch für Trockenübungen. Den bieten die kilometerlangen breiten Sandstrände in Huntington Beach südlich von LA. Damit fängt Surflehrer Ryans erste Lektion an: „Board auf den Sand legen, draufstellen." Nun: „Toes on the nose." So heißt die Surf-Schule, für die Ryan unterrichtet. Er meint aber: „Zehen Richtung Brettnase ist elementar, um auf dem Brett zu stehen. Steht mittig drauf, Augen nach vorn und verlagert das Körpergewicht auf die Zehen nach vorn." Okay. Dann aufs Board legen, aufstehen, dafür hochstemmen wie beim Liegestütz, Beine anziehen, auf die Füße. „Gewicht wie geübt nach vorn." Das geht. Also ab ins Wasser, rauspaddeln. Und: warten, Welle aussuchen, Brettnase Richtung Strand, lospaddeln, aufstehen – ab schiebt einen die Welle. Platsch. Wenn es so einfach wäre.

Beachvolleyball – immer eine gute Alternative zum Surfen am Surf-Hotspot Huntington Beach

Einst regierten Hippies in Venice Beach – heute flanieren Besucher gerne entspannt an Kanälen entlang.

Auch die Windmühle sorgt für nordeuropäisches Flair: Solvang baut für die Touristen auf seine dänische Vergangenheit.

Obdachlosigkeit in Kalifornien

OHNE GLANZ UND GLAMOUR

Kalifornien zeigt auch eine verstörende Seite – dort, wo die Obdachlosen sich aufhalten und kampieren. Allein das Los Angeles County zählt 60 000 Homeless People. Neue Initiativen wollen ihnen Perspektiven eröffnen, und das nicht erst seit Covid-19.

Lars Hypko, Miteigner von MASS Beverly und Minotti Showroom in LA, mit seinem früheren Fluglehrer Robin Petgrave

In der *New York Times* schrieb die Fotojournalistin Rachel Bujalski im April 2020 zu Covid-19 und den Auswirkungen auf die Obdachlosen: „In Kalifornien leben 12 Prozent der Bevölkerung der USA, aber 25 Prozent der Homeless People." Das betrifft Los Angeles wie San Francisco, Anaheim mit Disneyland wie die Universitätsstadt Berkeley – insgesamt gut 160 000 Menschen in Kalifornien (Jan. 2020, lt. Annual Homeless Assessment Report). Davon sind Zehntausende dauerhaft obdachlos. In Los Angeles sind Obdachlose in West Hollywood wie in Downtown anzutreffen. Konzentriert leben sie an der Skid Row zwischen Main, Third und Alameda Street nahe Downtown. Einige Tausend Bewohner kampieren hier in zeltartigen Plastikgebilden, hinter Pappkartons oder auf Decken. Die Stadt allein zählt laut Los Angeles Homeless Services Authorities LAHSA gut 41 000 Obdachlose.

DACH ÜBER DEM KOPF

Stadt und County halten gegen, brachten 2019 gut 22 000 Menschen wieder dauerhaft in Wohnungen unter. 2016 waren 1,2 Mrd. Dollar vom Programm „Homelessness Reduction and Prevention" (Eindämmung der Obdachlosigkeit und Vorbeugung) mit dem Ziel bereitgestellt worden, 8000 bis 10 000 günstige Wohnungen zu bauen. Erste Projekte wurden realisiert, von den Zehntausenden Menschen, die 2019 obdachlos geworden waren, wurde 22 769 wieder Wohnraum zugewiesen, so der LAHSA-Report. Im ersten Covid-Jahr 2020 seien in wenigen Monaten 15 000 Obdachlose, die in toto als vulnerable Gruppe gelten, provisorisch in sicheren Unterkünften untergekommen. Doch haben immer wieder weitere Menschen kein Dach mehr über dem Kopf – 10 270 in den Jahren 2019/20 in Kalifornien. Neue staatliche Gelder fließen, um Abhilfe zu schaffen, wie die 527 Mio. Dollar allein der LA County Homeless Initiative für das Fiskaljahr 2021/22.

Ein weiterer Lösungsansatz: Tiny Houses wie die 76 von der Stadt LA jüngst in der Tarzana-Nachbarschaft finanzierten; Preis pro Stück: 6500 Dollar. Das Konzept dahinter: auf Grundstücke zusätzlich zum Einfamilienhaus ein Tiny House zu bauen, sofern der Eigentümer einwilligt und es für kleines Geld an Bedürftige vermietet. 75 Prozent des Baugrunds in Los Angeles sind nur für Einfamilienhäuser vorgesehen. Das verknappe erschwinglichen Wohnraum, so

Los Angeles verzeichnet Zehntausende von Obdachlosen auf den Straßen. Mural in der San Julian Street in Skid Row (oben), Obdachlose vor The Midnight Mission (unten), einer Sozialstation

Eric Garcetti, der Bürgermeister von Los Angeles und Demokrat: „Wenn nur zehn Prozent der Eigentümer mitmachten, könnte der Wohnraumbestand in der Stadt binnen etwa fünf Jahren um 50 Prozent steigen."

VOM SHOWROOM ZUM TINY HOUSE

Beim Bau solcher Tiny Houses engagiert sich Lars Hypko, ein deutscher Unternehmer. Er gründete 2014 mit Partnerin Mary Ta in Beverly Hills den MASS Beverly: einen innovativen 360°-Design-Showroom, wie ihn Lars nennt. „Wir beraten bei der Gestaltung schlüsselfertiger Luxusimmobilien und setzen sie mit um."

Hypko, der in Südafrika aufwuchs und nun in Beverly Hills lebt, hat in Florenz Architektur studiert und mit High-End-Designern gearbeitet. Wie passt das zu den Tiny Houses? „Das ist mein soziales Engagement. Die Obdachlosigkeit ist in den USA an einem kritischen Punkt, gerade auch in LA, und verstärkt sich durch Covid-19. Wir haben eine ansehnliche, skalierbare und kosteneffektive Lösung entwickelt – honorarfrei natürlich." Er nennt sie „Sleep Pod for the Homeworthy". Eine solche Schlafkapsel kostet in der Basisversion 2000 bis 2500 Dollar – „ab 10 000 produzierter Einheiten. Das ist Galaxien weg von den 550 000 Dollar, die ein Haus hier aktuell im Durchschnitt kostet."

Finanziert wird der Bau der kleinen Häuser teils mit staatlichen Geldern. Lars: „Und wir suchen unter unseren Kunden von MASS-Beverly und den Businesspartnern Sponsoren, die Häuser stiften. Zur Klientel gehört auch Prominenz wie Beyoncé oder Elon Musk."

Die Häuser im Modell erinnern in ihrer modernen Gestaltung an ein schickes Ufo, werden aus recyceltem Kunststoff hergestellt und lassen sich wieder recyceln. „Sleep Pods wie diese waren so ähnlich mal im Einsatz auf einem Music Festival in New Mexico", so Lars. „Uns ist wichtig, dass Design und Material so ansprechend und zeitgemäß sind, dass sie bei den künftigen Bewohnern einen gewissen Stolz auslösen. Es soll keine Billiglösung sein."

FAKTEN & INFORMATIONEN

Seit 2016 stieg im Los Angeles County die Zahl der Obdachlosen von 34 000 auf aktuell rund 67 000 Homeless. Als Hauptgrund nannten laut Fernsehsender CNN 53 Prozent derjenigen, die 2018 erstmals im LA County obdachlos wurden, die hohen Wohnkosten.

Weitere Informationen: https://homeless.lacounty.gov; www.lahsa.org; www.lacounty.gov/lahop; www.massbeverly.com; www.slppod.com

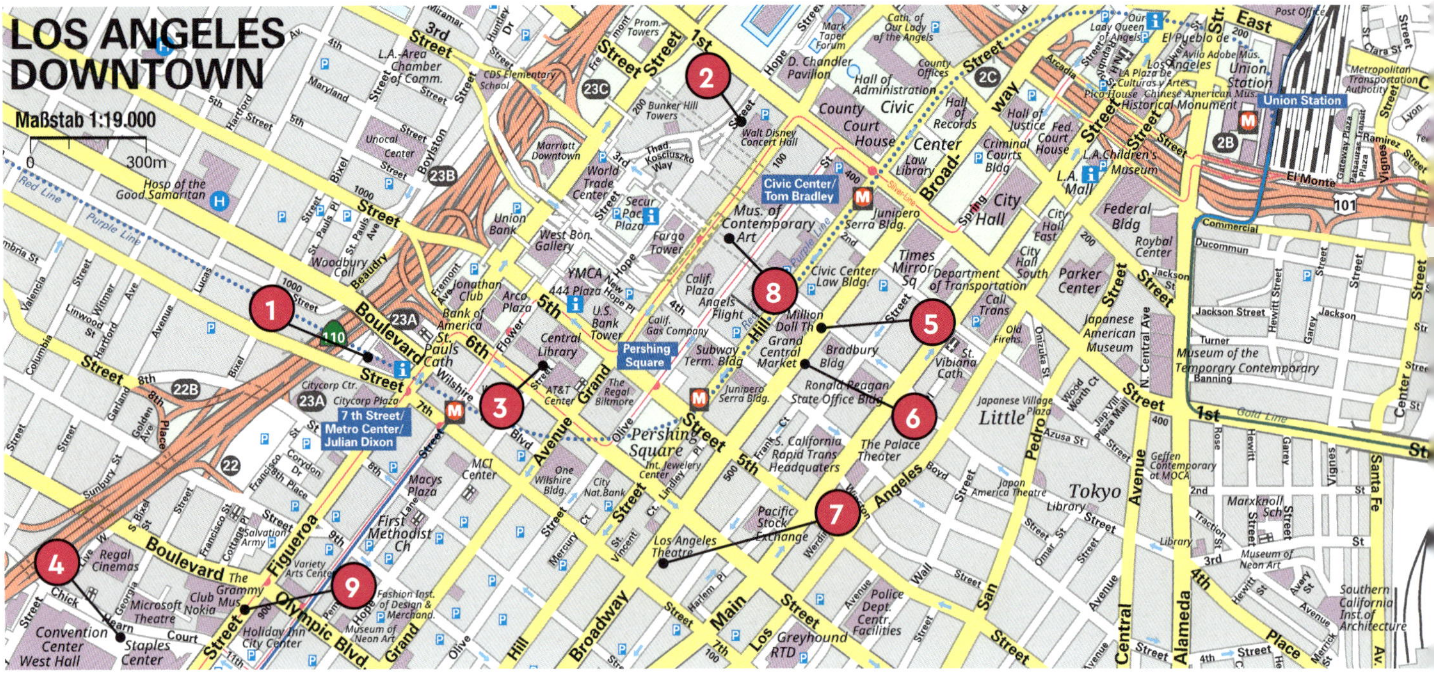
LOS ANGELES DOWNTOWN
Maßstab 1:19.000
0
300m

Maßstab 1:2.000.000
0
40 km

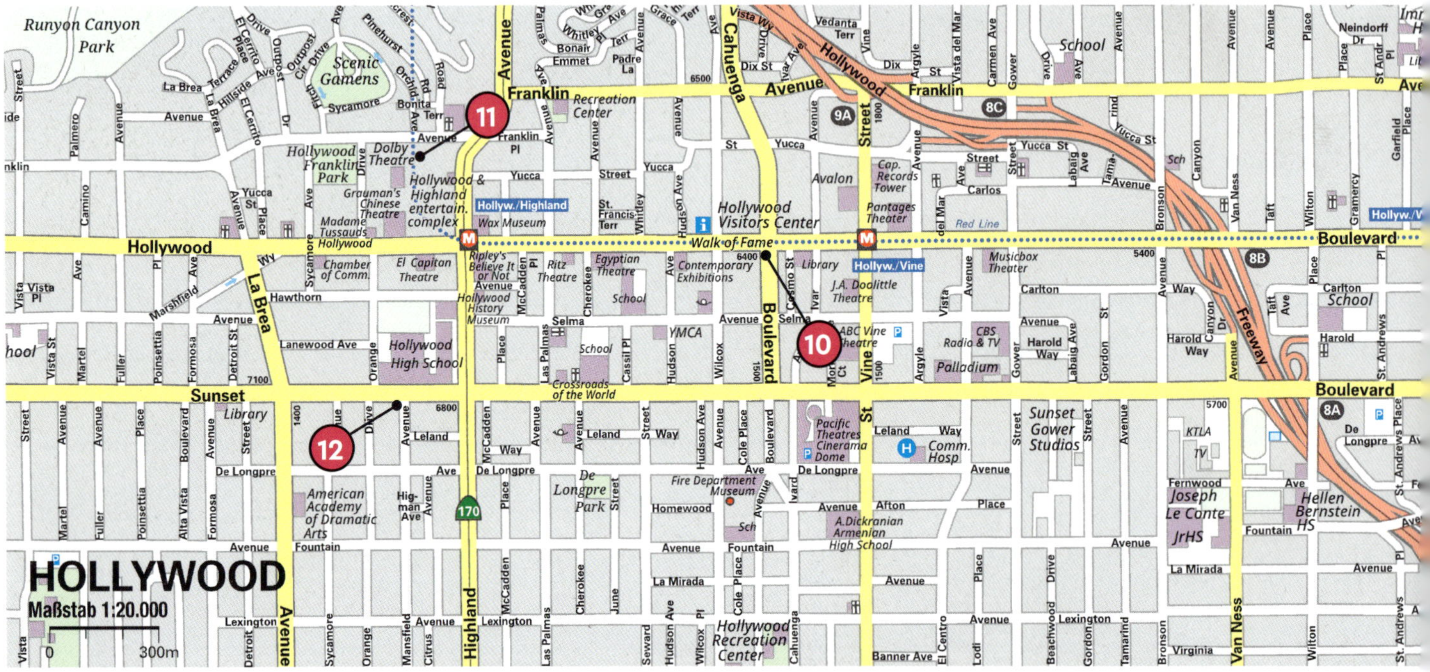
HOLLYWOOD
Maßstab 1:20.000
0
300m

MEGA-CITY MIT POMP UND GROSSARTIGER GREATER AREA

Die Metropole markiert Kaliforniens Süden und zieht schon wegen Hollywood Besucher aus aller Welt in ihren Bann. Die Greater Area gibt Millionen Menschen Raum zu leben. Sie lässt sich trotz Bus- und Metro-Services am bequemsten per Auto entdecken.

ALLGEMEIN

Die Metropole (mit Greater Area ca. 18 Mio. Einw.) ist nicht engelsgleich, wie ihr Name suggeriert, den ihre spanischen Entdecker im 18. Jahrhundert prägten. Aber Los Angeles weckt Sehnsüchte und Hoffnungen, eröffnet Chancen und verführt. Dass die Stadt am Meer in ihrem Kern dabei zum Moloch (ca. 4 Mio. Einw.) heranwuchs – that's life. Spanisch ist die zweite Sprache, da sehr viele Mexikaner hier arbeiten.

INFORMATION

Los Angeles Visitor Centers:
Downtown, 900 Wilshire Blvd.;
6801 Hollywood Blvd., Hollywood;
390 West 7th St., San Pedro;
Union Station, 800 N. Alameda St.
alle: www.discoverlosangeles.com
Welcome Center Los Angeles,
100 Citadel Dr., Suite 480, Los Angeles,
Tel. 1323 8 88 17 24,
www.visitcalifornia.com/welcome-centers

1–16 SEHENSWERT/MUSEEN

DOWNTOWN

Downtown ist gut zu Fuß machbar: Erst den Wilshire Blvd. zum neuen 1 **Wilshire Grand Tower** und seiner Rooftop-Bar Spire 73 im 73. Stock (gehört zum Hotel Intercontinental). Sie bietet gegen Eintritt wie eine Aussichtsplattform den Blick aus 335 m Höhe – vom höchsten Skyscraper an der Westküste (900 Wilshire Blvd., Tel. 1213 6 88 77 77, https://dtla.intercontinental.com).

Weiter zur 2 **Walt Disney Concert Hall** mit ihrem ikonischen Design und ihren ausgesuchten Musikevents (111 S Grand Ave, www.laphil.org, Touren siehe Website).

Die 3 **Central Library** wurde 1926 prächtig im neoägyptischen Stil erbaut und lohnt auch innen den Besuch (630 W 5th St., www.lapl.org, Mo. bis Fr. 10.00–16.30 Uhr, Sa., So. geschl.; Touren sind möglich).

Das 4 **Staples Center** ehrt draußen Sport-Stars mit Statuen (1111 S Figueroa St.). Drinnen spielt die NBA Basketball (www.nba.com) oder singt Céline Dion. Daneben **L.A. Live:** der Riesenkomplex mit Lokalen, Hotels, Theatern, Cafés, Clubs etc. (800 W Olympic Blvd., www.lalive.com).

Der **Broadway Theater District** erschließt die opulente Architektur der 1920er-/30er-Jahre in 12 Theatern bzw. Kinopalästen, in denen frühe Hollywood-Blockbuster Premiere feierten. So im 5 **Million Dollar Theatre** (307 S Broadw., www.laconservancy.org/locations/million-dollar-theatre) oder im 7 **Palace Theatre** (630 S Broadw., www.thedowntownpalace.com).

Im 6 **Grand Central Market** (1917) treffen sich alle (317 S Broadw., www.grandcentralmarket.com, 8.00–21.00 Uhr).

Zeitgenössische Kunst von Jean-Michel Basquiat bis Andy Warhol zeigt **The Broad.** Der Bau wurde für Nachhaltigkeit ausgezeichnet (LEED Gold; 221 S Grand Ave., www.thebroad.org, Mi.–Fr. 11.00–17.00, Sa., So. 10.00–17.00 Uhr, Mo. u. Di. geschl.). Kunst ab den 1940er-Jahren ist im 8 **MOCA – Museum of Contemporary Art** schräg gegenüber zu erleben. Temporäre Ausstellungen befassen sich wie „Our House: Selections from MOCA Collection" mit Werken ab 1950 aus der eigenen Sammlung oder z. B. mit der New Yorker Malerin Jennifer Packer, deren Werke oft Porträts oder Interieurs zeigen (250 S Grand Ave., www.moca.org, Do.–So. 11.00–15.00 Uhr, Mo.–Mi. geschl.).

Das 9 **Grammy Museum** führt interaktiv durch die Musikgenres (800 W Olympic Blvd., https://grammymuseum.org, Mi.–Mo. 11.00–18.00 Uhr, Di. geschl.).

SÜDEN

Das **California Science Center** macht Naturwissenschaften greifbar; zum Anfassen nahe zeigt es das originale Space-Shuttle Endeavour (700 Exposition Park Dr., https://californiasciencecenter.org, tgl. 10.00–17.00 Uhr).

MITTE

Wo der Wilshire Blvd. **Miracle Mile** heißt, wartet Kultur, auch Technik und Naturkunde auf der Museum Row: **Petersen Automotive Museum** mit Top-Oldtimern (6060 Wilshire Blvd., www.petersen.org, Di.–So. 10.00–17.00 Uhr) sowie das **La Brea Tar Pits & Museum** mit lebender Archäologie aus prähistorischer Zeit (5801 Wilshire Blvd., www.tarpits.org, tgl. 9.30–17.00 Uhr). Das **LACMA – Los Angeles County Museum of Art** führt mit 150 000 Werken quer durch die Epochen (5905 Wilshire Blvd., www.lacma.org, Mo., Di., Do. 11.00–17.00, Fr. 11.00–20.00, Sa.–So. 10.00–17.00 Uhr).

Das am 30. Sept. 2021 eröffnete **Oscar Museum (Academy Museum of Motion Pictures) TOPZIEL** wurde von dem Stararchitekten Renzo Piano gestaltet und widmet sich auf Papier und in bewegten Bildern dem Film, seiner Geschichte, seinen Requisiten sowie der Technik und lenkt

Vom Financial District erstreckt sich das Häusermeer in LA scheinbar endlos bis zum Horizont.

den Blick über die Produktion in den USA hinaus in die Welt (6076 Wilshire Blvd., www.academymuseum.org, tgl. 10.00–18.00, Fr., Sa. bis 20.00 Uhr).

HOLLYWOOD

Nicht nur Cineasten laufen die gut 2600 Messingsterne der Stars am 10 **Walk of Fame** ab (Hollywood Blvd./Vine St., https://walkoffame.com). Das 11 **Dolby Theatre** der Oscar-Verleihung liegt ganz in der Nähe (6801 Hollywood Blvd., www.dolbytheatre.com, tgl. 10.00–17.00, So. 10.00–16.00 Uhr).

Der aus Movie und TV bekannte palmengeschmückte 12 **Sunset Blvd.** ist Shopping-Meile und Nachtquartier mit schillernden Leuchtreklamen auf seinem Teilstück Sunset Strip (9040 W Sunset Blvd., www.thesunsetstrip.com). Die **Universal Studios** rd. 16 km nördl. davon sind inzwischen mehr Tour- als Filmkulisse und unterhaltsam (100 Universal City Plaza, Universal City, www.universalstudioshollywood.com, Zeiten s. Website). Echte Action spielt sich im weiter nördlich gelegenen 13 **San Fernando Valley** ab. Hier dreht Warner Bros., auch bei Touren (3400 Warner Blvd., Burbank, www.wbstudiotour.com, Do.–Mo. 9.00–15.30 Uhr, Di., Mi. geschl.).

WEST HOLLYWOOD

Zwischen dem Mythos Hollywood und dem noblen Beverly Hills liegt das hippe 14 **West Hollywood** mit attraktiven Geschäften, Lokalen und Hotels (www.visitwesthollywood.com). Wer dem Santa Monica Blvd. oder Sunset Blvd. Richtung Westen folgt, gelangt automatisch hin. Am Beverly Blvd. liegt der **Design District** mit Läden, die alles vom Feinsten des internationa-

Nach dem Stadtbesuch: raus an den Pazifik, an den Laguna Beach etwa

len Interior Designs und anderes mehr bieten (www.westhollywooddesigndistrict.com). Zwischen ihnen laden Cafés zum Besuch, in den Etagen darüber gehen u. a. Beauty-Arzt-Praxen ihrem Business nach. Der Deutsche Lars Hypko betreibt sein Interior-Design-Studio MASS Beverly ebenfalls hier (www.californiahomedesign.com; siehe S. 32). Where the locals go (wo Einheimische kaufen), gilt im **Original Farmers Market** (6333 W 3rd St., https//farmersmarketla.com, So.–Do. 10.00–20.00, Fr., Sa. bis 21.00 Uhr). Er feierte 2021 den 87. Geburtstag.

Huntington Beach ist einfach der Surf-Hotspot – und mit dem Bus gut von Los Angeles erreichbar.

BEVERLY HILLS

Der 15 **Rodeo Drive** zu Fuß genossen, lässt tief ins Konsumverhalten vor Ort auch bei teuerstem Schmuck blicken, desgleichen der Wilshire Blvd., der hier mit High-End-Boutiquen und Luxushotels richtig glänzt. Nebenan beginnt der gepflegte **Beverly Gardens Park.** Und dann setzen auch schon die Privatstraßen der Stars an.

Zur feinen **LA Westside,** wie man nun auch sagt, gehören noch **Bel Air** (sehr teures Wohnen, auch im Hotel Bel Air) und **Westwood** (Uni-Campus der UCLA).

BRENTWOOD/PACIFIC PALISADES

Über dem Meer in den Hügeln von Los Angeles residieren die milliardenschwere **Getty-Stiftung** und das **Getty Center.** Es zeigt 50 000 Kunstwerke, Designstücke und hat Gärten zum Verweilen; es bildet Restauratoren und Führungskräfte für Museen aus (1200 Getty Center Dr., www.getty.edu, Di.–So. 10.00–17.00 Uhr).

In 16 **Pacific Palisades** baute der Milliardär Jean Paul Getty seine **Getty Villa TOPZIEL** originalgetreu wie die im Jahr 79 vom Vesuv zerstörte Villa dei Papiri – als Museum für seine altgriechischen und altrömischen Kunstschätze (17985 Pacific Coast HW, www.getty.edu/, Mi.–Mo. 10.00 bis 17.00 Uhr). Nach Pacific Palisades zog es deutsche Emigranten wie Lion Feuchtwanger (1884 bis 1958) und Thomas Mann (1875–1955). Das **Thomas Mann House,** einst Wohnhaus des großen Literaten, ist nun als Kulturstätte im Besitz der Bundesrepublik Deutschland (1550 San Remo Dr., www.vatmh.org).

ERLEBEN

TOUR/ROUTE

Wer eine **TMZ Celebrity Tour** bucht, sieht die Highlights von Hollywood und Beverly Hills; sie ist daher ideal zum Einstieg, um das individuelle Sightseeing zu planen. Start und Ende ist in Hollywood am Hard Rock Café (Café: 6801 Hollywood Blvd.; www.tmztour.com, Do.–Mo. 9.00 bis 18.00 Uhr, 2 Std.).

Mit **Motorrad** ist es Hollywood-like, per Bike geht's auch: Die legendäre Route 66 endet in Santa Monica an Lincoln/Olympic Boulevard. Ort spektakulärer Fotos ist am Pier von Santa Monica das Schild „66, End of the Trail".

STRAND

120 km Strand entlang der **CA 1,** der California State Route. Vor der Stadt warten in Nord-Süd-Richtung erst **Santa Monica, Venice, Manhattan Beach,** dann **Hermosa** und **Redondo Beach.** Santa Monica ist als Beach-Town und „Outdoor-Gym" Kult mitsamt ihrer „Stairs" (Stufen; 699 Adelaide Dr.). Dem Surfsport widmen sich in **Huntington Beach** Toes on the nose (www.toesonthenose.com) und www.surfcityusa.com.

HOTELS

Das $–$$ **Indigo** in Downtown gefällt durch sein modern-originelles Interieur (899 Francisco St., Tel. 1 213 2 32 88 00, https://hotelindigola.com). Das $$$ **Andaz West Hollywood** ist stylish-elegant-praktisch (siehe „Unsere Favoriten", S. 65).

RESTAURANTS

Das $$–$$$ **Steakhouse The Musso & Frank Grill** existiert seit 100 Jahren, pflegt sein klassisch-plüschiges Flair und hat viele Stars und Sternchen gesehen. Die Auswahl an Weinen, Whiskeys, Wodkas, Gins etc. ist formidabel (6667 Hollywood Blvd., Hollywood, Tel. 1 323 4 67 77 88, www.mussoandfrank.com).

17–25 UMGEBUNG

WESTLICH

17 **Santa Monica** ist mit seinem Pier Traditionsziel und oft voll, weil viel näher an Los Angeles als Malibu und das noch weiter entfernte Santa Barbara (www.santamonica.com).

18 **Malibu** (12 000 Einw.) und seine teils pompösen Villen, teils schlichten Strandhäuser verteilen sich auf zig Kilometer am Strand entlang, am Pacific Coast HW, der CA 1, und über die Hügel jenseits der Straße. Über sie zu cruisen ist ein großes Naturschauspiel (www.malibu.org).

19 **Oxnard** im Ventura County ist knapp 100 km von LA entfernt, liegt im Nordwesten vor der Luxusenklave Santa Barbara, hat Badestrände und Hafen ohne Schnickschnack sowie ein museales Highlight: das **Channel Islands Maritime Museum TOPZIEL.** Einzigartig ist seine Sammlung von Segelschiffen in Miniaturformat – hier ist feinster Modellbau aus rund fünf Jahrhunderten

E-BIKEN IM LA-LA-LAND

*26 **Irvine** südöstlich von LA ist ein adrettes Universitätsstädtchen im Ländlichen und hat 167 Bike Trails von flach bis bergig. Und es erinnert ans schöne Radeln in Holland. Von Irvine ist es nur eine Stunde zum Meer, per E-Bike noch weniger.*

4622 Barranca Pkwy, Irvine, Tel. 1949 274 79 44, www.grooveebikes.com, Di.–Sa. 11.00–18.00, So. 11.00–15.00 Uhr, Mo. geschl.

zu bewundern (3900 Bluefin Circle, Oxnard; www.cimmvc.org).

20 **Santa Barbara** ist in vieler Munde durch einen Neu-Bürger – den britischen Royal Harry (samt Familie). Der feine Badeort liegt 140 km von Los Angeles weiter nordwestlich am Meer, dort wo das Land in großem Bogen abbiegt, im Hinterland die 21 **Santa Ynez Mountains** emporragen und wo im **Santa Ynez Valley** gute Weine wachsen (www.visitsyv.com). Die geschützte Lage von Santa Barbara beschert den 100 000 Einwohnern ganzjährig mildes Klima und der Küste den Zusatz Riviera. Dabei ist die Architektur traditionell spanisch, 1786 gründeten die Spanier ihre Mission Santa Barbara. Die Stars verstecken ihre Häuser in den Hügeln über dem Ort. Downtown ist gepflegt, das Niveau bei Lokalen und Geschäften gehoben und Wassersport aller Art möglich (www.santabarbara.com).

22 **Solvang** (rd. 180 km westl.) lebt von den Bauten und Läden in dänischer Anmutung.

SÜDLICH

23 **Anaheim** liegt 40 km südöstlich von Los Angeles, ist trotz seiner 350 000 Einwohner beschaulich, seine Hotels sind ordentlich und zur Nebensaison erschwinglich (www.visitanaheim.org). Der Magnet 5 km südlich von Anaheim: seit gut 65 Jahren **Disneyland** und praktisch eine Stadt für sich (1313 Disneyland Dr., https://disneyland.disney.go.com, tgl. 8.00–22.00 Uhr).

24 **Newport Beach** (ca. 70 km südl.) versammelt elegante Häuser im New-England-Stil und schicke große Yachten. Das macht den Badeort ziemlich posh. Dafür sorgt die Lage der Balboa Peninsula, denn die beschert Newport Beach den nachgefragten Naturhafen und die zahlungskräftige Klientel (www.visitnewportbeach.com). Nördlich schließt die Surfer-Community 25 **Huntington Beach** an – mit viel Sport und Après-Sport (www.huntingtonbeach.ca/gov). Südlich davon erstreckt sich **Laguna Beach.**

JA NATÜR LICH

GLÜCKLICHE HÜHNER

Das Krähen des Hahns überrascht. Denn bislang war der Straßenverkehr in Richtung Farm dicht, die Bebauung ebenso. Doch beim Schritt hinter eine Hecke tun sich die Felder und Wiesen des Bio-Bauernhofs The Abundant Table auf, der als Non-Profit-Kollektiv gemanagt ist. Der veranstaltet auch Touren.

Wer die Farm betritt, sieht mehrere Hähne, die frei herumlaufen. Die Hühner leben zwar hinter einem Zaun, bewegen sich aber auch frei auf einem großen Areal mit Wiese und Lehmboden. In Holzkisten mit Stroh legen die Hennen ihre Eier, nach deutscher Klassifizierung Güteklasse 0. Lola, eine Fachkraft vom Hof: „Was meint Ihr, wie viele Leute bei uns zum ersten Mal ein lebendes Huhn sehen beziehungsweise einen Hahn live krähen hören."

Visionen von Nachhaltigkeit prägen die Farmkooperative um die Baby Root Farm.

Unter die Tourgäste mischen sich Käufer. Wer möchte, erntet beim Abundant Table selbst: Erdbeeren, Bohnen oder Artischocken vom Strauch, Rote Beete oder Möhren aus dem Boden, nach Einweisung. Neben Beeten wuchern wilde Wiesen. Lola: „Als zertifizierte biologisch bewirtschaftete Farm bekämpfen wir die Schädlinge für Erdbeeren, Salat etc. mit ihren natürlichen Feinden. Die wachsen in den Wiesen heran, die wir dafür extra anlegen. Und wir halten uns an Fruchtfolgen, damit die Böden sich ohne Kunstdünger erholen. Sie sind also mal Beet, mal Wiese."

Organic Farm Abundant Table:
1012 W. Ventura Blvd., Camarillo, www.theabundanttable.org, Touren tgl. 10.00–17.00 Uhr; Teil der Farmkooperative

100 km nordwestl. von Los Angeles gelegen, besteht die Farm in der 6. Generation. Im Hofladen werden auch Seifen aus biologischer Ziegenmilch und andere Bio-Ware verkauft – teils eigene Produkte, teils von regionalen Bio-Farmern bezogen.

San Diego & Südosten

ZWISCHEN HIP UND HOT

San Diego ist ein Dorf von Welt mit allen Annehmlichkeiten. Das Hinterland wird beherrscht von den Wüsten Anza-Borrego Desert State Park und Joshua Tree National Park. Nahe Letzterem erwartet die Luxusoase Palm Springs ihre Gäste zu Tennis und Golf.

Vom Aussichtspunkt Fonts Point im Anza-Borrego Desert State Park haben Besucher einen tollen Blick über die Borrego Badlands mit ihren Canyonklüften und weiten Geröll- und Sandflächen.

Von Coronado Island aus: San Diego – Hort hoher Work-Life-Balance und von Big Business ohne schmutzige Industrien

Zum Wohlfühlfaktor der Stadt tragen auch Bars und Restaurants im Gaslamp Quarter bei wie das Volcano Rabbit (rechts). Und Attraktionen wie das Maritime Museum of San Diego mit der „Star of India“ (S. 41 unten), dem ältesten Segelschiff, das noch in Betrieb ist.

Mein Platz ist fantastisch, ist aber mein nur auf Zeit. Ich sitze im Hotelzimmer im 28. Stock des Hilton San Diego Bayfront direkt vor einem breiten Fenster. Das reicht von der Decke bis zum Boden und legt einem das Bay zu Füßen. Dessen Wasser funkelt unter der Sonne. Linker Hand ruht die Halbinsel Coronado und dahinter bis zum Horizont Pazifik. Die Yachten tief unten an einem Bootssteg sehen von oben aus wie Bötchen zum Planschen in der Badewanne. Die Sonne geht langsam unter, der Hamburger mundet, das Bierchen auch.

So geht ein heißer Junitag für mich zu Ende. Der hat sich hauptsächlich in der Wüste landeinwärts abgespielt: im Anza-Borrego Desert State Park mit Temperaturen selbst am Nachmittag noch von 105 Grad Fahrenheit gleich 40 Grad Celsius. Der Mittelpunkt dieser Wüste: das Örtchen Borrego Springs, gerade mal 150 Kilometer östlich von San Diego. Beides könnte nicht gegensätzlicher sein und macht zusammen den tiefen Süden Kaliforniens aus.

»DIE DIEGANS STECKEN EINEN MIT IHRER HYPERAKTIVEN ART AN. WER WILL DA NUR SPAZIEREN GEHEN …«

Brook Trujillo vom Hotel San Diego Bayfront

BOOM-TOWN MIT TOP-FREIZEITWERT

So kurz vor der Grenze zu Mexiko ist die Stadt noch einmal typisch Golden State, Surfer-Hotspot, ein maritimer Traum von hoher Lebensqualität. Rauchende Schlote sind auch aus der 28. Etage nicht zu sehen. Einigen Wohlstand und Größe brachte vielmehr vor einigen Jahrzehnten der Zuzug emissionsarmer Zukunftsbranchen wie Health Care, Bio- und Gentech, Elektronik. Das ließ die Stadt auf 1,1 Millionen Einwohner und gut drei Millionen Menschen in ihrer Greater Area wachsen.

San Diego ist damit Kaliforniens zweitgrößte Stadt. Vom Big Business zeugen die Skyscraper in Downtown und dezent-schicke Bürokomplexe sogar in dem Stadtviertel am Meer – La Jolla. An dieser

Kürbisse in Fülle beim Pumpkin Patch auf der Mountain Valley Ranch in Ramona

Bei der Schönwettergarantie ist an Outdoor-Sport vieles möglich: Hiken zum Potato Chip Rock bei Ramona ...

ersten Adresse residieren Firmen der New Economy. Das passt zu La Jolla, traditionell die Spielwiese der Upperclass; inklusive Golfanlage Torrey Pines. Quasi daneben schließt das Wanderparadies Torrey Pines State National Reserve an und steht jedem offen.

Und dann die zwei malerischen Eilande zwischen Bay und Pazifik vor der Haustür. Coronado hat nur einen Miniannex zum Festland, ist daher Halbinsel und liegt am Ende der gut drei Kilometer langen San Diego Coronado Bay Bridge. Übers Wasser geht es hin mit Fähre und Water Taxi. Die zweite Idylle, Point Loma, ist buchstäblicher Fels in der Brandung – mit Leuchtturm am höchsten Punkt seit 1855. Beide Eilande haben Militärbasen, und das seit Langem. Das erklärt die oft vor der Küste kreuzenden Marineschiffe und Joggingtrupps meist junger Männer mit typischen Marine-Haircuts.

DIE ANZA-BORREGO-WÜSTE RUFT...

Wie anders ist das Hinterland: Faszinierende Wüste auf 2500 Quadratkilometern – mit nur einer Handvoll nennenswerter Teerstraßen und über 800 Kilometer Offroad-Pisten. Der einzige Ort mittendrin: Borrego Springs mit guter Infrastruktur. Die Farbe dieser Wüstenei ist Beige-Grau. Weiter weg am östlichen Horizont hebt sich in Schokoladenbraun eine Bergkette ab, begrenzt die Wüste von Norden nach Süden und heißt so, wie sie aussieht: Chocolate Mountains. Just davor führt Salton Sea ein deprimierendes Dasein. Nur eineinhalb Autostunden von San Diego, und alles ist anders. Die Shorts sind trotz Hitze gegen lange Hosen, die Flip-Flops gegen

Legendär: das Hotel del Coronado, kurz: das Del

IKONE PFLEGT RETRO

Seit seiner Eröffnung 1888 wurde das legendäre Hotel del Coronado immer wieder modernisiert ...

... und manches dabei verschlimmbessert. Nun lebt „The Del" (www.hoteldel.com), wie Insider sagen, an markanten Stellen wieder in altem Glanz auf. Parallel wird es renoviert und auf 900 Gästezimmer erweitert, teils unterirdisch ein Parkhaus eingerichtet. Investiert wird bis zum Abschluss aller Maßnahmen gegen Ende 2022 ein Mammutbudget von 400 Mio. Dollar. Die Verschlimmbesserungen, die zurückgebaut werden: An der Hotelfront hatte das Del eine lange lauschige Porch mit Veranda. Die wurde wie das Hotel berühmt in der 1959 gedrehten Hollywood-Komödie „Manche mögen's heiß" mit Marilyn Monroe. Später wurde die Porch überdacht, die schöne Front sah aus wie verrammelt. Nun kommen Porch und Flair zurück. An seinen alten Platz wandert auch das Haupttor wie vor 130 Jahren, samt palmengesäumter Zufahrt. Nur fuhren die Gäste 1888 per Eisenbahn vor.

... oder schräge Runden auf dem Skateboard im Linda Vista Skate Park in San Diego.

Den Eingang der City Hall von Palm Springs – sie ist eine elegante Vertreterin der Mid-Century-Architektur – prägt ein großer kreisförmiger Ausschnitt, der den Palmen Platz zum Wachsen lässt.

Karg und heiß ist die Region des Anza-Borrego Desert State Park, mit Geröll und Büschen, Sand, Pisten und Trails – und ist auch ideal für ausgedehnte Ausritte etwa bei Warner Springs.

Außen Western Style, innen indianisch anmutend: Im Pioneertown Motel nahe dem Joshua Tree National Park nächtigte schon Hollywood-Star Barbara Stanwyck.

»GEN NORDEN SETZT SICH DIE WÜSTENEI FORT, ÄNDERT ABER IHREN NAMEN UND IHR GESICHT UND HEISST JOSHUA TREE NATIONAL PARK.«

Granitfelsen wie der Arch Rock im Joshua Tree National Park laden zum einfachen Kraxeln, aber auch zum Klettern ein.

Der Joshua Tree National Park bekam den Namen von mormonischen Siedlern auf der Durchreise. Die Äste erinnerten sie an die Arme des Propheten Josua.

knöchelhohes Schuhwerk getauscht. Die Wüste lebt bekanntlich, im Frühling auch in Form blühender Wildblumen. Heimisch sind Coyoten und Berglöwen. Ich möchte eines der seltenen Dickhornschafe mit den kunstvoll geschwungenen Hörnern sehen. Keines lässt sich blicken. Bleibt der Trost, dass die Begegnung mit einer Klapperschlange auch ausfiel. „Die haben im Sommer Hauptsaison", so Mutter und Tochter, Reisende aus dem Rheinland, bei einem zufälligen Zusammentreffen im Ort Twentynine Palms.

WO DER BIZARRE JOSHUA TREE GEDEIHT

Gen Norden setzt sich die Wüstenei fort, ändert aber ihren Namen und ihr Gesicht und heißt Joshua Tree National Park. Offensichtlich ist die Distanz zum Anza-Borrego so ausreichend, dass hier der Joshua Tree in großer Zahl ins Bild drängt. Der mutet clownesk-traurig an, ist botanisch eine Yucca-Pflanze, wird hoch wie ein Baum. Im Park dominieren Granitfelsen, die Kletterer anziehen. Anders als im Anza-Borrego gibt es im Joshua Tree National Park keinen Ort. Doch direkt davor wartet Palm Springs. In den 1930er-Jahren bauten sich hier „Some Happy Few" aus Hollywood Villen mit allem Pipapo. In der Wüste waren die Winter spürbar wärmer als am Pazifik. Tennis und Golf machten hier mehr Spaß. Für das nötige Wasser sorgten damals (wie noch heute) unterirdische Quellen.

Dark Sky Park

REISE ZU DEN STERNEN

Wo lassen sich Sterne besser gucken als in finsterer Nacht in tiefschwarzer Gegend? Ideal dafür ist der Anza-Borrego Desert State Park im Südosten Kaliforniens. Er ist sogar offizieller International Dark Sky Park (IDSP).

Im Anza-Borrego Desert State Park lugt vereinzelt Wüstenarchitektur aus dem Buschland hervor.

Der Himmel ist wieder quietschblau wie so oft hier landeinwärts im Südosten Kaliforniens. Dieser Himmel verheißt eine weitere wolkenlose, tiefschwarze Nacht und wieder eine Reise zu fernen Galaxien. Okay, das ist übertrieben. Aber die tiefschwarze Nacht beschert magische Sternenhimmel, wie sie in bewohnten Gegenden mit der üblichen Lichtverschmutzung überhaupt nicht mehr sichtbar werden. Hier, mitten im Anza-Borrego Desert, entfällt diese Aufhellung. Die Sterne funkeln wie greifbare Kristalle, lassen sich mit bloßem Auge bewundern und mit leistungsstarkem Teleskop inspizieren.

KAUM LICHTQUELLEN

Der genaue Standort ist der Anza-Borrego Desert State Park mit seinen Bergen und Ebenen, seinen Steinwüsten und Kakteen – alles in allem ein Terrain von rund 2500 einsamen Quadratkilometern in der Wildnis. Mittendrin nur das Örtchen Borrego Springs. Selbst im Ort fehlt es an den von Menschenhand genutzten typischen hellen Lichtquellen.

In dieser Isolation folgt auf das Quietschblau am Tag nach Sonnenuntergang eine tiefschwarze Finsternis, noch so wie Jahrhunderte zuvor. Und das offiziell bestätigt. Denn der Anza-Borrego Desert State Park wurde ob dieser Verhältnisse Mitglied der International Dark Sky Association (IDA) und ist seit 2018 International Dark Sky Park (IDSP) und damit auch in bester Gesellschaft mit Lichtschutzgebieten in Spanien, Kanada oder Australien.

UNTERWEGS ZU DEN STERNEN

Die Reise zu den Sternen braucht nicht viel Vorbereitung, wenn einmal in Borrego Springs angekommen. Von San Diego hierher sind es rund 150 Kilometer. Übernachtungen sind möglich im Örtchen in einigen kleinen Hotels und Inns, in RV-Parks oder auf Campgrounds. Wie es dann weitergeht, hängt davon ab: Individualisten und Romantiker machen sich allein oder zu zweit

Prähistorisch und mythisch zugleich muten die Skulpturen des aus Mexiko stammenden Künstlers Ricardo Breceda vor dem Nachthimmel von Borrego Springs an.

auf den Weg zu besonders empfohlenen Spots für Sternegucker, das sind etwa die Hiking Trails des Blair Valley mit seinen Camp-Möglichkeiten oder das Culp Valley in den San Ysidro Mountains auf 1000 Meter oder das Mountain Palm Springs Camp mit diversen Palmenhainen.

Wer viel lernen möchte, bucht eine Gruppen- oder gar individuelle Tour mit einem professionellen Guide, wie sie beispielsweise die Borrego Night Sky Tours anbieten.

Wer seine Inspirationen gestalterisch umsetzen möchte, ist im Borrego Art Institute willkommen.

GEFANGEN VON GALAXIEN

Dennis Mammana ist einer der Guides und studierter Physiker, Astronom und Autor. Seine Tipps: Für die besten Touren darf kein Vollmond sein, am besten sind die vollkommen mondlosen Nächte. Die besten Jahreszeiten, um die Milchstraße zu sehen, sind Sommer und früher Herbst. Den Rest des Jahres liegt sie nicht in der Blickachse, dann kann man in andere Galaxien gucken. Dafür stellt er leistungsstarke Teleskope bei den Touren bereit.

Dennis betont, dass im Park fast überall 100 Prozent Dunkelheit herrschen. Doch sei in der Umgebung noch eine gewisse Lichtverschmutzung gegeben, und die habe noch einen kleinen Effekt auf die Dunkelheit des Sternenhimmels. An sich liegen diese Lichtquellen weit weg, sind nämlich Palm Springs 150 Kilometer nördlich und die kalifornische Stadt El Centro in etwas geringerer Entfernung südöstlich. Überdies San Diego im Westen, und sogar das 250 Kilometer entfernte Los Angeles im Nordwesten zählt noch.

DIMMEN FÜR DEN DARK SKY

Um den Status zu erhalten und beizubehalten, gehen die IDSP Verpflichtungen ein. So wurden in Borrego Springs hell-weiße Lichtquellen an Häusern oder Wegen durch solche in Amber-Farbton ersetzt. Es gibt nur wenige, überdies gedimmte Straßenlaternen. Bei Leuchten an Häusern sind die Lichtkegel noch dazu nach unten ausgerichtet, sodass sie Richtung Himmel kein Licht abgeben.

Zum Status als Dark Sky Park gehört, dass die Region Lernprogramme anbietet, so wie beispielsweise die geführten Touren des Nachts zum Sternegucken.

Was zur Erkenntnis vor Ort gehört: Nicht nur Besucher aus lichtverseuchten Gegenden wie LA wissen nicht mehr, was Dunkelheit draußen bedeutet und wie hell Sterne leuchten – wenn der Mensch sie lässt.

FAKTEN & INFORMATIONEN

Zu den erwähnten Dark Sky Associates gehören außer dem hier vorgestellten Dark Sky Park unter anderem der Albanyà in Spanien, der Iriomote-Ishigaki National Park in Japan, der Warrumbungle National Park in Australien und der Waterton-Glacier International Peace Park in Kanada sowie in Deutschland der Nationalpark Eifel (www.darksky.org).

Borrego Night Sky Tours:
https://borregonightskytours.com/

»NUR EINEINHALB AUTOSTUNDEN VON SAN DIEGO, UND ALLES IST ANDERS. DIE SHORTS SIND GEGEN LANGE HOSEN GETAUSCHT, DIE FLIP-FLOPS GEGEN KNÖCHELHOHES SCHUHWERK.«

California
Arizona
MÉXICO
LOS ANGELES
SAN DIEGO
TIJUANA
MEXICALI
SAN LUIS RÍO COLORADO
LANCASTER
PALMDALE
VICTORVILLE
Apple Valley
Hesperia
SAN BERNARDINO
ONTARIO
FONTANA
RIVERSIDE
MORENO VALLEY
CORONA
ANAHEIM
FULLERTON
POMONA
W. COVINA
PASADENA
Glendora
Alhambra
BURBANK
GLENDALE
THOUSAND OAKS
SIMI VALLEY
STA. CLARITA
Santa Monica
INGLE-WOOD
Compton
TORRANCE
LONG BEACH
GARDEN GROVE
ORANGE
STA. ANA
IRVINE
HUNTINGTON BEACH
Newport Beach
Mission Viejo
TEMECULA
San Clemente
OCEANSIDE
CARLSBAD
ESCONDIDO
Encinitas
Solana Beach
Santee
La Mesa
EL CAJON
National City
CHULA VISTA
Rosarito
Redlands
Yucaipa
Beaumont
Hemet
Perris
Palm Springs
Palm Desert
Indio
Coachella
Twentynine Palms
Yucca Valley
Joshua Tree
National Park
Anza-Borrego
Desert S.P.
Salton Sea
El Centro
Calexico
Brawley
Blythe
Yuma
Needles
Lake Havasu City
San Gabriel Mts.
Chocolate Mtn.
Sonoran Desert
Colorado Desert
Sierra de Juárez
Gulf of Santa Catalina
San Pedro Channel
Santa Catalina I.
San Clemente I.
Islas Coronados
Cabrillo Nat. Mon.
Parque Nacional Constitución de 1857
1
2
3
4
Maßstab 1:1.700.000
0
40 km

ALL INCLUSIVE – MEER, SONNE, WÜSTE

Die Hafenstadt an der Grenze zu Mexiko war lange Stiefkind, wuchs aber zur zweitgrößten Stadt Kaliforniens heran. Der California Lifestyle ist hier „at its best", die Idylle nachhaltig. Im Binnenland verheißen Wüsten spektakuläres Abenteuer. Die Oase Palm Springs steht für Highlife.

Am Embarcadero Marina Park in San Diego zu Füßen des San Diego Convention Center lässt es sich wunderbar flanieren – entlang der schicken Yachten.

1 SAN DIEGO

Die Stadt am Meer (1,4 Mio. Einw.) ist mit 250 Jahren die älteste Stadt Kaliforniens und hatte weder im Goldrausch noch lange danach etwas zu melden. Das gestaltet sich nun ganz anders.

SEHENSWERT

In **Downtown** befindet sich das Amüsierviertel **Gaslamp Quarter** mit restaurierten Backsteinhäusern, am Bay mit dem **Embarcadero** und dem Baseball-Stadion **Petco Park,** zu dem die Fans bei Spielen zu Zigtausenden pilgern.
Das Meeresaquarium **Seaworld** war durch tödliche Orca Shows in Verruf geraten und ermöglicht stattdessen nun Begegnungen u. a. mit Delfinen (500 Sea World Dr., https://seaworld.com/san-diego, So.–Do. 9.00–21.00, Fr., Sa. bis 22.00 Uhr). Am **Mission Bay** trainieren die Segelteams der Universität – da lässt sich auch was lernen.
San Diego Zoo zeigt über 3500 Tiere und züchtet gefährdete Gorillas (2920 Zoo Dr., https://zoo.sandiegozoo.org, tgl. 9.00–20.00 Uhr).

Es muss nicht immer Sea World sein: Viel Leben gibt es auch im Aquarium des San Diego Zoo.

La Jolla ist ein feines Stadtviertel im Norden von San Diego (www.lajolla.com).
Die Halbinseln Coronado (https://coronadovisitorcenter.com) und Point Loma sind Badeorte; **Coronado** mit langen, breiten Sandstränden, Villen, Kastanienbäumen und einem kleinen Zentrum voll guter Lokale und hübscher Läden. **Point Loma** westlich mit Leuchtturm und Lage am Fels dient San Diego und den Häfen auch als natürliche Schutzmauer (www.sandiego.org).

MUSEEN

Der **Balboa Park** entstand zur Weltausstellung 1915 und offeriert neben Park und Gärten allein 17 Museen, darunter das **San Diego Museum of Art** mit Kunst der spanischen Renaissance sowie das **Museum of Photographic Arts** mit Fotografie aus dem 20. Jahrhundert. Einen Besuch lohnen schon die Museumsgebäude, die im altspanischen Kolonialstil nachgebaut wurden (Visitor Center, 1549 El Prado, www.balboapark.org, tgl. 9.30–16.30 Uhr). Das **Maritime Museum** erklärt die Tradition der Navy vor Ort (1492 N Harbor Dr., www.sdmaritime.org, tgl. 10.00–17.00 Uhr). Die **Old Town** nahe dem Bay war um 1820 mexikanische Siedlung und ist nun State Historic Park (2727 Presidio Dr., www.sandiegohistory.org, Fr.–So. 11.00–16.00 Uhr).

ERLEBEN

100 Kilometer **Strand** nennt San Diego sein Eigen – meist feiner Sand, manchmal felsig. Die Beach-Action: Surfen, Kite-Surfen, Volleyball und Basketball spielen. Die Beaches heißen **Ocean, Mission, Pacific, La Jolla Shores** und **Torrey Pines** und sind über die IS 5 schnell im Auto erreicht; der nördlichste von ihnen ist Torrey Pines und rd. 20 km von Downtown San Diego entfernt (www.sandiego.gov/leisure/beaches-and-bays).
Am **Ocean Front Walk** und am **Pacific Beach Bordwalk** toben sich Jogger, Biker, Skater etc. aus. Tolle **E-Bike-Touren,** am Hafen und durch La Jolla etwa, bietet u. a. We love tourists (Tel. 1 619 512 34 91, https://welovetourists.com/san-diego-electric-bike-tours).
In die **La Jolla Caves,** mehrere Höhlen in den Klippen, geht es nur vom Wasser aus, am besten im Kajak mit Guide (Tel. 1 858 454 01 11, www.lajollaseacavekayaks.com, www.san-diego-beaches-and-adventures.com; Tel. 1 858 459 11 14, www.lajollakayak.com).

HOTELS

Im charmanten Little Italy bietet das **$ ITH Hostels Downtown San Diego** ein bunt-fröhliches Ambiente, Schlafsäle, auch Doppelzimmer. Zur Uferpromenade sind es 20 Min. zu Fuß, zum Balboa Park 10 Min. (230 W. Cedar, Tel. 1 619 402 10 31, https://ithhostels.com/location/san-diego-hostel). Das **$$$ San Diego Bayfront** liegt schön am Bay (1 Park Blvd., Tel. 1 619 564 33 33, www.hilton.com). Zum legendären **$$$ Hotel Del Coronado** (1500 Orange Ave., https://www.hiltonhotels.de) siehe das Special in diesem Kapitel.

RESTAURANTS

In den quirligen Wohnvierteln **East Village** am Petco Park und **North Park** am Balboa Park sind

PULPO A LA MEXICANA

Bis Mexiko sind es 30 km, mexikanische Lokale sind noch näher; wie das Mariscos El Pulpo in Downtown im Gaslamp District. Seine Spezialität: Meeresfrüchte, vor allem Pulpo, erfrischend als Cocktail mit Shrimps, Muscheln und Austern, oder als Tintenfisch-Käse-Füllung in gegrillten Paprika – einfach lecker.

$-$$ Mariscos El Pulpo
415 Market St., Tel. 1 619 795 85 70,
http://m.facebook.com/elpulposd

auch die Lokale und Shops local. **Little Italy** ist seit dem 19. Jh. in italienischer Hand, war einst Fischerviertel, ist nun Foodie-Hotspot. Pizza und regionale Biere vom Fass serviert die $-$$ **Nolita Hall** (2305 India St./Juniper St., www.nolitahall.com, Mi.–So.). $ **Volcano Rabbit** hat auch Latin American Street Food auf der Karte (527 5th Ave., https://volcanorabbitsd.com, Di.–Sa.).

UMGEBUNG
AVA Ramona Valley ist Weingebiet bei **Ramona** (rd. 60 km nordöstl.). Das Weingebiet AVA **Temecula Valley** (100 km nördl.) heißt nach der 1859 gegründeten Stadt. Rund 40 Winzer bauen im Southern California Wine Country Rote und Weiße aus (www.temeculawines.org).

INFORMATION
San Diego Visitor Information Center,
996 N Harbor Dr., San Diego,
Tel. 1 619 2 36 12 42, www.sandiegovisit.org

2 ANZA-BORREGO DESERT STATE PARK

Der State Park wurde 1932 geschützt und ist imposante Wüstenei auf 2500 km². Wer viel davon sehen möchte, muss Offroad-Pisten fahren, Allrad ist dafür meist ein Muss.

SEHENSWERT
Zwischen Februar und April ist die Wüste ein Blütenmeer von Wildblumen.
Die **Domelands** am Imperial Hw verstecken Muschelrelikte aus Zeiten, als Gestein, Geröll und Sand noch Meer waren. Die **Borrego Badlands** sind eine vom Meer geformte Felslandschaft mit imposanten Canyons. Der **Vista Point Fonts Point** auf rund 400 m Höhe erschließt das Borrego Valley. Die Anfahrt: 6 km Offroad-Piste (südlich von Borrego Springs von der S 22).
Die **17 Palms Oasis** ist seit Langem wichtiges Wasserloch für Tiere und Vögel.
Einziger Ort im Park: das Wüsten-Kleinod **Borrego Springs** (ca. 3500 Einw.) mit guter Infrastruktur (www.borregospringschamber.com).

ERLEBEN
Der Anza-Borrego ist **Internationaler Dark Sky Park** (siehe „Zur Sache", S. 46).
Die **Anza-Borrego Desert Natural History Association** führt mit Literatur, Events und Touren in die Geschichte der Region ein, in ihre Flora und Fauna und eröffnet sie auch im kleinen Botanical Garden neben ihrem Laden mit vielen Büchern (652 Palm Canyon Dr., www.abdnha.org).
Der **Pumpkin Patch Trail** bei Borrego Springs gilt als moderate Wanderstrecke, ist 12 km lang und heißt so wegen der runden Steine am Weg, die an Kürbisse erinnern.

ÜBERNACHTEN
In der Wüste ist freies **Campen** unter Auflagen erlaubt. Borrego Springs hat angenehme kleine Hotels. Das Zwischending: Glamping, also Camping mit Glamour, im Edel-Camper Airstream im $-$$ **Desert Sands Vintage RV Park** (277 Palm Canyon Dr., Tel. 1 619 5 08 34 68, http://desertsandsrvpark).

INFORMATION
Anza-Borrego Desert State Park Visitor Center, Palm Canyon Dr. (nimmt die Zufahrtsstraße S 22 auf), dem Schild „Visitor Center" folgen, Borrego Springs,
Tel. 1 760 7 67 42 05,
www.parks.ca.gov/?page_id=638

3 JOSHUA TREE NATIONAL PARK

Der Park beginnt rd. 140 km nördlich vom Anza-Borrego Desert State Park und ist seit 1936 geschützt. 3200 km² Steppe und bis zu 1800 m hohe Basaltfelsen – alles wirkt surreal, auch durch die Joshua Trees. Im Frühjahr treibt der bizarre Joshua Tree seine grün-beigen Blüten.

Livemusik in Pappy & Harriett's Pioneertown Palace, einem Honky-Tonk-Restaurant

ERLEBEN
Das **Wonderland of Rocks** ist ein Kletterparadies, seine Felsformationen sind bombastisch. Es liegt zwischen Indian Cove (ab Parktor Nord in Twentynine Palms an der 62) und Park Blvd. (Südtor hinter Indio bei der Oase Cottonwood Spring an der US 10). **Kletterkurse** helfen, das Terrain kennenzulernen und das Wüstenklima einzuschätzen. Lang etablierte Anbieter sind im Ort Joshua Tree etwa Joshua Tree Uprising (6169329 Palms HW, Tel. 1 888 2 54 62 66, www.joshuatreeuprising.com) und die Joshua Tree Rock Climbing School (63439 Doggie Trail, Tel. 1 760 3 66 47 45, www.joshuatreerockclimbing.com). Wer nicht klettert, sammelt am 1 km kurzen **Indian Cove Trail** gute Eindrücke. Fordernd wird die Sache am 13 km langen **Boyscout Trail** (www.alltrails.com).
Die **Geology Tour Road** erklärt Erosion, Erdbeben und uralte Vulkane. Sie geht offroad knapp 30 km ins Pleasant Valley. Positionen sind beschildert und erklärt in einer Karte, erhältlich im Joshua Tree Visitor Center (6554 Park Blvd., Joshua Tree, www.nps.gov/jotr/planyourvisit/hiking, tgl. 8.00–17.00 Uhr). Künstler nutzen die Wüste für Outdoor-Skulpturen, z. B. Noah Purifoy (63030 Blair Ln., www.noahpurifoy.com).

ÜBERNACHTEN/BAR
Seit 1946 schon besteht das $-$$ **Pionieertown Motel** (5240 Curtis Rd., Pioneertown, www.pioneertown-motel.com). Im $ **Pappy and Harriet's Pioneertown's Palace** werden „Burger and Dogs" serviert, dazu Livemusik (53688 Pioneertown Rd., https://pappyandharriets.com).

SHOPPING
Bei der Einfahrt in den Park sollten der Benzintank gefüllt und ausreichend Vorräte an Wasser und Proviant vorhanden sein – im Park gibt's nichts. **Pit Stops** zum Tanken sind im Norden Joshua Tree, Twentynine Palms, im Süden Indio.

UMGEBUNG
Pioneertown liegt 20 km westlich vom Joshua Tree Visitor Center, über den 29 Palms HW hinüber, und besteht als stilechte Wildwestkulisse in der Wüste seit 1946. Mit seinen Theken steht es auch open air für Feierlaune.

INFORMATION
Oasis Visitor Center,
74485 National Park Dr., Twentynine Palms,
Tel. 1 760 3 67 55 00, www.joshuatree.org

4 PALM SPRINGS

Rd. 100 km westlich vom Parktor im Ort Joshua Tree liegt die Oase Palm Springs (50 000 Einw.). Ihre Gäste suchen das gute Wetter, spielen auf nun gut 100 Plätzen Golf – auch in den Nachbarorten La Quinta oder Rancho Mirage. Die Oase ist heute üppig bestückt mit Hotels und Restaurants für jedes Budget und guter Ausgangsort für Besucher des Joshua Tree National Park.

SEHENSWERT
Downtown Palm Springs verteilt sich um den N Palm Canyon Dr., der mit der W. Amado Rd.

Beeindruckende Felsformationen prägen den Joshua Tree National Park.

zugleich auch Teil des **Walk of Stars** ist; seine Sterne ehren Hollywood-Größen mit Domizil vor Ort wie einst Frank Sinatra.
Die Kakteenvielfalt der Wüste zeigt der **Moorten Botanical Garden** (1701 Palm Canyon Dr., http://moortenbotanicalgarden.com, Di.–Do. 10.00 bis 16.00 Uhr, Sommer Fr.–So. 9.00–13.00 Uhr).
Der **Palm Canyon** ist mit 24 km der größte von vier Canyons, die den Indianern heilig sind. Der mit den großen Palmenhainen ist zu erreichen über 38500 S Palm Canyon Dr., Palm Springs (www.indian-canyons.com).

ERLEBEN
Die **Mid-Century-Bungalows der Stars** machen den architektonischen Charme von Palm Springs aus – v.a. in den 1950er-Jahren entstanden, zeigen sie klare, geometrische, auch fließende Formen. Für eine Tour zu den Kleinoden bieten sich **E-Bikes** an (Bike Rentals und Karte, 194 S Indian Canyon, Tel. 1760 8 32 89 12, www.bikepsrentals.com).

VERANSTALTUNG
Ohne das für seine Promi-Dichte gehypte **Coachella Music & Arts Festival** im April ist Indio (ca. 40 km südöstl.) ein eher ruhiges Städtchen (www.coachella.com; www.discoverindio.com).

HOTELS
Das $-$$ **Vagabond Motor Hotel** ist ein witziges Budget-Hotel in zentraler Lage von Palm Springs (1699 S Palm Canyon Dr., Tel. 1760 3 25 72 11, www.vagabondmotorhotel.com).
Im Sommer wird das $$-$$$ **La Quinta Resort & Club** Waldorf Astoria bezahlbarer (www.laquintaresort.com, s. „Unsere Favoriten", S. 64).

UMGEBUNG
Der **Aerial Tramway,** eine Seilbahn, trägt auf den 2597 m hohen **Mount Jacinto.** Der ist bewaldet, hat rd. 90 km Wanderwege und im Winter Schnee. Und dann das Panorama! (1 Tram Way, Palm Spr., www.pstramway.com, tgl. 8.00/10.00 bis 18.00/19.00 Uhr). Die Nachbarorte **Rancho Mirage, Palm Desert, Indian Wells** und **La Quinta** ziehen sich mit ihren Villen, Hotels, Lokalen und Shops durch das **Coachella Valley.**

INFORMATION
Palm Springs Visitor Center,
2901 N Palm Canyon Dr., Palm Springs,
Tel. 1800 347 77 46,
www.visitpalmsprings.com

JA **NATÜR** LICH

HOCHZEIT DER DIRT ROADS

Die Staubwolke hat es in sich. Dabei gebe ich kaum Gas, stehe auch nicht auf der Bremse. Der Allrad-SUV schiebt sich über die sandige Piste. Die gilt als offizielle Route hier im Anza-Borrego Desert State Park und ist eine der insgesamt gut 800 Kilometer umfassenden offiziellen Dirt Roads in dieser Wüste.

Die Wüste hat als Verbindungstrassen eine Handvoll Asphaltstraßen. Wer aber den State Park näher erkunden möchte, muss sich auf Offroad-Pisten begeben. Und kann sich auf eine besondere Weise der Natur nahe fühlen, weil hier das ganze Umfeld ursprünglich geblieben ist. Das gilt auch im nahen Joshua Tree National Park, rd. 140 Kilometer nördlich über die CA 86 N.

Eine erste Testfahrt sollte sein, ein Allrad-Antrieb auch. Mein Test findet in der Anza-Borrego-Wüste nicht weit von Borrego Springs statt. Die Piste geht von der geteerten S 22 ab, einer der schmalen Verbindungstrassen im Park.

Nur wenige Straßen in der Wüste sind wie die Borrego Springs Road befestigt.

Rechts und links der Piste warten Geröll und Buschland. Es geht in eine Kurve, die Piste nun leicht bergan. Sie hat auf einmal Schlaglöcher, der Wagen legt sich je nach Mulde mal auf die eine Seite des Schlaglochs, mal auf die andere. Das macht Laune – es sei denn, man hat eine Stauballergie.

Voraussetzungen für Offroad-Touren: Offroad geht es durch beide Wüstenlandschaften. Dafür gelten strikte Regeln: Es dürfen nur freigegebene Pisten befahren werden; querfeldein ist das Fahren bei Strafe verboten. Das Fahrzeug muss eine Straßenzulassung haben, der Fahrer einen Führerschein.

Mitfahr-Touren:
im Anza-Borrego Desert State Park:
California Overland, www.californiaoverland.com
im Joshua Tree National Park: Big Wheel Tours,
www.bwbtours.com/the-palm-springs-jeep-tours

Nationalparks & High Sierra

VOM EL CAPITAN INS TAL DES TODES

Die Natur schuf in den Nationalparks Yosemite, Sequoia und Kings Canyon Meisterstücke. Lake Tahoe und Mammoth Lakes legte sie als hochalpine Arenen an. Das Death Valley scheint vom Teufel geschliffen.

Der Van Sickle Trail ist Teil des Tahoe Rim Trail, der sich ganze 265 Kilometer mal mehr, mal weniger herausfordernd um den Lake Tahoe und dabei teils auch durch Nevada zieht.

Gut geschützt kann sich das puschelige Murmeltier im Sequoia National Park fühlen.

Einige der Riesenmammutbäume haben sich im Sequoia National Park zur Senate Group versammelt (oben). Von beeindruckender Höhe in die Tiefe: Die Crystal Cave mit Tropfsteinen steht als einzige Höhle im Park Touristen zur Begehung offen (rechts).

Geheimnisvoller Half Dome im Yosemite National Park: Wo ist die andere Hälfte der Gipfelkuppe verblieben?

El Capitan (links) ist Hausberg im Park und der höchste Granitmonolith der Welt.

Was wären Kalifornien und seine Megastädte Los Angeles und San Francisco ohne die High Sierra im Osten? Ohne die Wüste wie die Mojave mit dem Death Valley – so lebensfeindlich wie imposant. Das fruchtbare Kalifornien bringen die zigtausend Quadratkilometer Gebirgswelt direkt vor der Wüste hervor: die High Sierra mit ihren Wäldern, Flüssen und Seen. Die Berge heißen auch Sierra Nevada, obschon ihr größter Teil nicht im Bundesstaat Nevada, sondern in Kalifornien liegt. An ihren Gipfeln bleiben die Wolken hängen, die vom Pazifik ins Land ziehen, und schütten vor den Höhen das lebenswichtige Nass aus, im Winter als meterhohen Schnee.

Das Wasser beziehungsweise Schmelzwasser aus der High Sierra tragen Flüsse wie Kings, San Joaquin oder American River zurück gen Westen ins fruchtbare Central Valley und weiter westlich zum Meer. Die Wüste dehnt sich östlich der High Sierra aus. Frühe Naturschützer sorgten dafür, dass diesseits und jenseits der Bergkuppen Meisterstücke der Natur, auch in Form rarer Ödnis, erhalten blieben.

DER YOSEMITE UND SEIN EL CAP

Eines dieser Meisterstücke: der Yosemite National Park, 1890 auf Betreiben des Naturkundlers John Muir gegründet (siehe auch „Urlaub erinnern"). Der El Capitan steigt vom Yosemite Valley senkrecht und glatt wie eine Wand 1000 Meter hoch. Am Berg sind bei konzentriertem Blick Free-Climber auszumachen, sie scheinen schwerelos vor seiner Granitwand zu schweben. Er ist seit zig Jahren ihr Mekka, sie nennen ihn vertraut El Cap. Naturführer Eric: „Sie schlafen beim Klettern sogar auf Vorsprüngen. Die siehst du vom Tal nicht." Sonst campieren sie in Camp 4 am Fuß des El Cap in kleinen Zelten.

Und Eric schwärmt von John Muir, dem Pionier für Naturschutz (1838–1914). Der Schotte wanderte als Kind in die USA ein, studierte und entdeckte immer mehr die Natur für sich. Er verbrachte im Westen Wochen draußen und verdiente seinen Unterhalt mit dem Schreiben über die und das Erforschen der Natur. Muirs Credo, so Eric: „Die Natur hat einen Wert an sich und nicht nur den, dass sie der Mensch ausbeutet." Wie nachhaltig auch nach heutigen Maßstäben.

VON BRAUTSCHLEIERN UND HALBHEITEN

Wie gemalt rauscht fast vis-à-vis vom El Cap der Bridalveil Fall 190 Meter über puren Granit bergab und mäandert der Merced River im Valley durch Wald, Wiesen und Weiden. Durchs Bild tapst wie bestellt einer der vielen Schwarzbären in der High Sierra. Und gleich mehrere Weißkopfseeadler schweben durch die Lüfte.

Wechsel zum Glacier Point auf 2199 Meter. Routiniers gehen den steilen Four Mile Trail zum Glacier Point selbst bei Eis und Schnee. Bequeme fahren die Glacier Point Rd., die aber nur im Sommer geöffnet ist. Oben angekommen, belohnt das Panorama: rechts der Mount Hoffmann, ganz rechts der Half Dome. Augen links: die Yosemite Falls, mit offiziell 739 Meter Fallhöhe der höchste Wasserfall Nordamerikas, jedenfalls zur Schneeschmelze.

Salzkrusten ziehen sich durchs Badwater Basin, einen Salzsee im Death Valley – er markiert den tiefsten Punkt in den USA.

DER SEQUOIA UND DICKE KRONEN

Die Höhe von 1500 bis 2900 Meter nutzte die Natur und formte die Giant Sequoia, die Verwandten der Coastal Redwood Trees (s. S. 105). Zu ihrem Schutz entstand 1890 der Sequoia National Park; der dazugehörige Giant Forest an der CA 180, der Wald der Baumriesen, besteht schon sehr viel länger. Die 180 heißt im Park Generals HW, passend zum General Sherman Tree im Giant Forest. „Der Sherman ist der voluminöseste Baum der Welt", erklärt Parkbiologin Melissa. „Bei der Baumhöhe liegen zwar die Coastal Redwoods vorn. Der General Sherman ist nur gut 80 Meter hoch. Aber er hält den Rekord beim Volumen. Sein Stamm hat elf Meter Durchmesser, seine Krone 31 Meter." Wie alt der sein mag? „2200 Jahre. Unser ältester ist 3000 Jahre, und wir halten ihn versteckt, um ihn zu schützen."

DES KÖNIGS TIEFE SCHLUCHTEN

Der Kings Canyon National Park schließt an den Sequoia National Park an und versammelt Felsgiganten: 3000er- und 4000er-Gipfel und den Mount Whitney. Der Park ist zum größten Teil unwegsam. Sein Scenic Byway, die 180, bringt Reisende zum Kings Canyon Overlook und zur Panoramic Point Rd. Von hier betrachtet ist alles heimeliggrüne Bergwelt. Wie fotografisch unzählige Male in Szene gesetzt von Ansel Adams (1902–1984). Seine

So weit das Auge reicht: Wüste aus Felsen. Die Mojave-Wüste eignet sich auch für Airport Mojave Air & Space Ports – als Stellplatz für Flugzeuge, die zeitweise außer Dienst gestellt sind.

Vor Millionen von Jahren bedeckte Wasser diese Region im heutigen Death Valley. Nun faszinieren die von der Erosion gefurchten Felsen vom Aussichtspunkt Zabriskie Point aus, südlich von Furnace Creek.

»WENN ICH MEINEN KOPF HOB IN BADWATER, WAR ALLES SCHÖN, WAS ICH SAH – SANDDÜNEN UND KAKTUS UND FELSFORMATIONEN UND GEBÜSCH.«

Annie Weiss, 2019 Teilnehmerin des Badwater Ultramarathon im Death Valley

Ob vor oder nach einem Aufenthalt im Death Valley – eine Wanderung im Yosemite National Park wie auf dem Vernal Fall Trail macht den Kopf frei.

Der Stammumfang von General Sherman, einem Riesenmammutbaum im Sequoia National Park, misst rund elf Meter und ist unbestritten instagramable.

Kunst in Schwarz-Weiß-Fotografie füllt Bücher, aber ist auch tausendfach Postkartenmotiv.

Eine schaurig-schöne Seite offenbart der Kings Canyon bei der Fahrt zum Cedar Cove 40 Kilometer bergab und desgleichen retour. Cedar Cove ist Dead End, die Straße eng, kurvig. Senkrecht steigen Felswände an der einen Fahrspur hoch und fallen an der anderen Seite steil ab. Kahle Gesteinsmassen bis zum Horizont – ineinander verkeilt, übereinandergeschoben, aufgetürmt. Urgewalten von Eiszeit und Vulkanen nahmen sie einst derart in die Zange.

TODES-TAL MIT GOLFPLATZ DES TEUFELS

Im Death Valley sind es an diesem Herbstnachmittag noch 38 Grad Celsius, die Hitze lässt die Luft flirren. Am Horizont erscheint ein See – und stellt sich als Fata Morgana heraus. Das Tal des Todes hat zwar einen See, der ist aber Salzwasser pur; Badwater daher sein Name. Dort ist der tiefste Ort Nordamerikas

»KEIN TEMPEL VON MENSCHENHAND LÄSST SICH MIT YOSEMITE VERGLEICHEN.«

John Muir (1838–1914), Naturalist und Autor

mit 86 Meter unter Null. Death Valley hält auch den Rekord als heißester Platz der Erde mit 56,7 Grad Celsius. Gemessen am 10. Juli 1913 in Furnace Creek, dieser Oase mit Visitor Center (siehe „Ja natürlich").

Abergläubische halten das Tal für Teufelswerk. Da gibt's doch diesen „Golfplatz", diesen Devil's Golf Course – eine einzige messerscharfe Fläche. Das Messerscharfe sind wissenschaftlich gesehen Kristalle. Death Valley ist geologisch eine Senke, sie macht die Hälfte des 14 000 Quadratkilometer großen National Parks aus und, so lobte die *LA Times* seine Gründung 1994, „schützt das Land im ökologisch fragilen Südkalifornien vor der Entwicklung" – als Windmühlenpark oder Lieferant von Rohstoffen.

LAKE TAHOE – ALPINER PLAY-GROUND 1

Zur High Sierra gehören zwei Outdoor-Spielplätze an schönen Seen mit hohem Verwöhnfaktor, winters beide wahre Skiparadiese. Lake Tahoe ist der eine,

Luxus und Nachhaltigkeit zeichnen die Lodge im Edgewood Tahoe aus; ein Hotel, das genauso unmittelbar am Südufer des Lake Tahoe liegt wie …

… die urige Tamarack Lodge in Mammoth Lakes am Ufer der Twin Lakes (links). Nicht nach Naturerlebnis, sondern nach monetärem Gewinn streben Gäste im Casino des Hard Rock Hotel & South Lake Tahoe (rechts).

Der rund 3300 Höhenmeter messende Gipfel des Mammoth Mountain ist ein beliebtes Gebiet für Biker und Hiker (und mit Schnee ein Paradies für Wintersportler).

Der Convict Lake spiegelt den McGee Mountain im Sonnenlicht (oben). Ein Schwätzchen ist immer drin in der Mammoth Brewing Company, der wohl höchstgelegenen Brauerei an der Westküste der USA (rechts).

Wer würde nicht gerne eine Pause einlegen bei diesem Blick vom Tahoe Rim Trail über den Lake Tahoe.

Näher an der Natur geht kaum: Fliegenfischer mit ihrem Fang bei Mammoth Lakes.

Kunstperformance am Mono Lake Tufa

JUWEL MIT TUFF

Lake Tahoe und Mono Lake – beide Seen sind konträr. Dabei liegen sie auf gleicher Höhe in der High Sierra und nur zwei Autostunden voneinander entfernt.

Pinienwälder rahmen den Lake Tahoe ein. Seit der Eiszeit ruht der Süßwassersee auf 1897 Meter. Er ist fast 500 Meter tief und das ganze Jahr ein Ort von Outdoor-Action. Wie anders Mono Lake. Der See auf 1944 Meter erinnert an eine Mondlandschaft von NASA-Bildern. An den Ufern karger Bewuchs. Aus dem nur 17 Meter tiefen See ragen poröse Kalktuff-Gebilde wie Statuen, von der Natur geformt in Jahrtausenden. Nun krankt der Mono Lake an seinem steigenden Alkalin- und Salzgehalt. Die Ursache: der fallende Süßwasserpegel, weil die den See versorgenden Flüsse seit etwa 1940 umgeleitet wurden, um die Greater Area Los Angeles zu bewässern. Das findet so nicht mehr statt, seit die Umweltinitiative Mono Lake Committee ein Verbot vor Gericht durchsetzte. Nun steigt der Pegel wieder an, kehren viele Vogelarten zurück.

ein Solitär und überwiegend auf kalifornischem Boden gelegen. Sein Ostufer gehört zu Nevada, dort sind Casinos und Hochhäuser. An Kaliforniens Lake Tahoe erhebt sich kein Gebäude über die Baumgipfel. Sein Nordufer hat auf Kilometer Sandstrände wie etwa Kings Beach. Am Westufer reihen sich prachtvolle Mansions von 1900 aneinander. Südlich liegt South Lake Tahoe, der Ort fürs sportliche Treiben, fürs Wohnen, Ausgehen etc. Alles geht: biken, wandern, segeln, surfen, auch mit Kite auf dem 500 Meter tiefen, daher immer eiskalten See. Die Gondelbahn in South Lake Tahoe trägt ihre Gäste bis auf rd. 3060 Meter – bis Heavenly, wo im Winter Skifahrer und Snowboarder über meterhohen Schnee toben.

MAMMOTH LAKES – ALPINER PLAY-GROUND 2

Mammoth Lakes hat mehrere schöne Seen, ob Twin Lakes oder Horseshoe Lake. Der Bergort Mammoth Lakes liegt auf 2400 Meter, die Berge schrauben sich auf 3400 Meter hoch. Das macht Mammoth Lakes zum höchsten Skiresort in Kalifornien – mit Schnee von zehn Metern und viel mehr und Skivergnügen oft bis in den Sommer. Ohne Schnee ist die Wildnis das Ziel von Anglern, Hikern und Bikern. Und dann trägt die Bergbahn auch hinauf zur neuen Zip-Line auf Mammoth Mountain. Vor einigen Jahren zog es Stacy beruflich in diese Bergwelt. „Das war ideal, ich bin ein Outdoor-Mensch, ich bin auch in Deutschland gewandert." In Mammoth Lakes könne man eine Meile wandern oder 200 Meilen. Und was hatte Stacy noch gesagt: „Lass es in dieser Höhenlage langsam angehen."

Individuelle Tophotels

ORTE ZUM VERWEILEN

In den Zentren entlang der Küste ist quasi jede der gesichtslosen Hotelmarken präsent – außer im Norden. Unsere Favoriten vor allem für Kaliforniens Süden sind individuell-einzigartig, liegen am Meer, in der Wüste oder in der Kleinstadt, mitten im Wald und sogar auf dem Wasser. Die Auswahl: sehr persönlich, der Preis pro Nacht: ab 100 bis ca. 200 Dollar. Doch Schnäppchen in der Nebensaison sind möglich.

1

TIMBER COVE, JENNER

Das kleine rustikale Hotel an der Sonoma Coast scheint harmonisch mit der einsamen Felsküste zwei Autostunden nördlich von San Francisco verwachsen. Nur das bemalte Totem ragt unübersehbar gen Himmel. Auf der Uferseite des Timber Cove endloser Pazifik, auf der anderen Seite Berge, Wälder und darin versteckt die hochklassige Wein-AVA Fort Ross Seaview. Wegen der Felsen ist Strandwandern kaum möglich, und darum geht es in Timber Cove auch nicht. Programm ist, in sich gekehrt zu verweilen, als wäre der Aufenthalt eine Yoga-Session mit gutem Essen und Trinken. Das Beschauliche verfliegt an Wochenenden mit großen Hochzeiten.

$$-$$$ Timber Cove, 21780 North Coast HW 1 (CA 1), Jenner, Tel. 17078473231, https://timbercoveresort.com

2

LA QUINTA RESORT & CLUB, LA QUINTA

Das elegante Wüsten-Resort bei Palm Springs wurde Ende 1926 in spanischer Architektur angelegt wie ein Dorf mit Casitas, sprich Bungalows als Gästezimmern. Heute ist das Hotel ein Waldorf Astoria, bietet eigene Thermalquellen und Gäste-Casitas mit privatem Pool. Für alle gibt es zwei große Pools, davon einer nur für Erwachsene. Im La Quinta wird Sport großgeschrieben: Es hat 23 Tennisplätze, davon zehn mit Flutlicht, und fünf Golfplätze.

$$-$$$ La Quinta, 49499 Eisenhower Drive, La Quinta, Tel. 17605644111, www.laquintaresort.com

3

ANDAZ WEST HOLLYWOOD, LOS ANGELES

Im Andaz wird so eingecheckt, wie es die Klientel aus Design-, Mode- und FinTech- (also Finanztechnologie-)Industrie besonders schätzt: bequem über iPad und individuell betreut von einer Concierge. Das ist typisch für Andaz, die Boutique-Hotelmarke von Hyatt. Typisch für die Häuser ist auch, dass sie mitten im Hype trotzdem ein Ort zum Abschalten sind, in dem Fall vom nahen rockigen Sunset Strip Hollywoods. Der Pool auf dem Dach mit Bar entführt quasi mitten hinein in die schöne Hügellandschaft der LA Westside.

$$$ Andaz West Hollywood, 8401 W Sunset Blvd., West Hollywood (Los Angeles), Tel. 1323 656 12 34, www.andazwesthollywood.guestreservations.com

4

CALIFORNIAN, SANTA BARBARA

Der traditionelle, elegante Badeort setzt oft auf klassisches Design. Das Hotel gefällt durch seine Gegensätze: Die Architektur außen ist altspanisch in Anlehnung an die 1769 begründete spanische Mission Santa Barbara. Das Design innen kombiniert zeitlos-schickes Ambiente mit handgemalten Fliesen in maurischem Dekor. Ein Traum in Maurischblau ist das Hotel-Spa Majorelle und zaubert einen auch mithilfe von Düften und Ölen wie nach Marrakesch. Dabei liegt das Hotel an der Flaniermeile State St. und nahe am trendigen Ausgehviertel The Funk Zone, einem alten Handwerkerbezirk.

$$$ Hotel Californian, 36 State St., Santa Barbara, Tel. 1805 882 01 00, www.hotelcalifornian.com

5

HIGHLANDS RANCH RESORT, MILL CREEK

Wildwest-Romantik und zugleich modernen Komfort genießen – das hat schon was inmitten des echten Cowboylands Kalifornien. Das Resort mit gerade mal sieben elegant-rustikalen Gäste-Cabins war zuvor eine Working Ranch, umgeben von Weiden und Wald. Unter freiem Himmel brennt abends ein Lagerfeuer. Auf der Weide dahinter treibt ein einsamer Reiter mit Hund Rinder gemütlich vor sich her – regelmäßig vor Sonnenuntergang. Das Haupthaus in einer rustikalen Lodge beherbergt ein Restaurant mit Prime-Steaks auf der Karte und eine Bar im Western-Style. Rancher aus der Gegend finden sich ebenfalls an Tresen und Lagerfeuer ein und haben was zu erzählen – auch von Bären und Kojoten rundum.

$-$$$ Highlands Ranch Resort, 41515 Highway 36 E, Mill Creek, Tel. 1530 595 33 88, https://highlandsranchresort.com

6

LUXUSYACHT NORDIC STAR, NEWPORT BEACH

Die klassische Motoryacht in Weiß wurde 1969 auf Kiel gelegt. 30 Meter ist sie lang, ihr Teakboden draußen edel. Der Salon gefällt mit klassischem, maritimem Schick, mit viel glänzendem Holz und blauen Polstermöbeln. Die drei Gästekajüten unter Deck sind in Weiß elegant möbliert, jede mit kleinem, feinem Bad. Das Team der „Nordic Star“ besteht aus Captain Bob Armstrong plus vierköpfiger Crew inklusive Koch. Der kann in der Bordküche wahre Gaumenfreuden erfüllen. Bis zu zehn Knoten fährt die „Nordic Star“ mit ihren Twin-Caterpillar-Motoren D 343.

$$$$ Nordic Star, School of Sailing & Seamanship 1801 W Coast Highway, Newport Beach, Tel. 1949 645 94 12, https://occsailing.com, Link „About us“

1

6

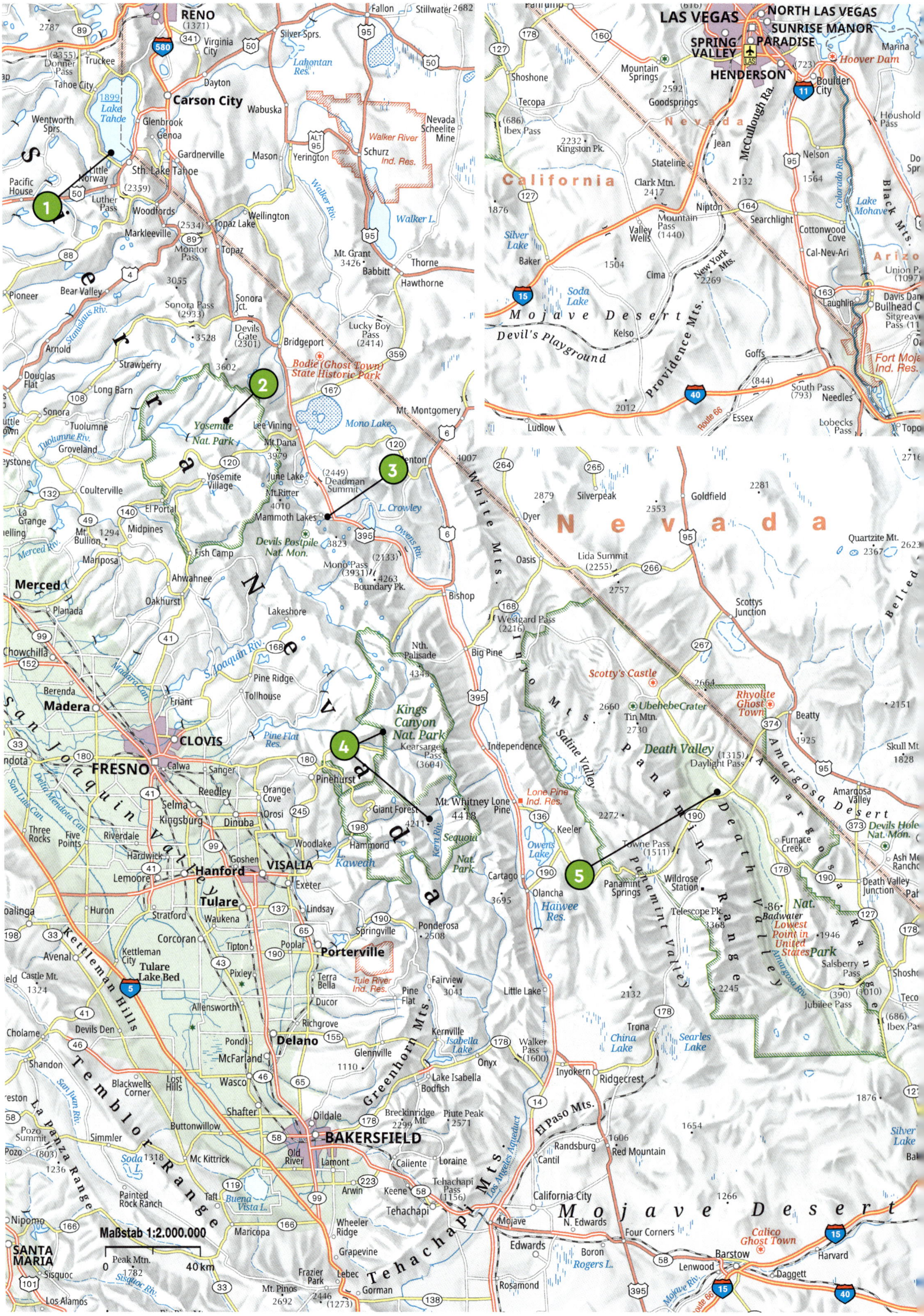

RENO
Carson City
Lake Tahoe
Truckee
Tahoe City
Dayton
Virginia City
Wabuska
Yerington
Walker River Ind. Res.
Walker L.
Hawthorne
Mt. Grant
Babbitt
Thorne
Lahontan Res.
Fallon
Stillwater
Silver Sprs.
Nevada Scheelite Mine
Schurz
Glenbrook
Genoa
Gardnerville
Sth. Lake Tahoe
Little Norway
Pacific House
Wentworth Sprs.
Luther Pass
Woodfords
Markleeville
Wellington
Topaz Lake
Topaz
Monitor Pass
Sonora Pass
Sonora Jct.
Devils Gate
Bridgeport
Bodie (Ghost Town) State Historic Park
Lucky Boy Pass
Mono Lake
Lee Vining
Mt. Montgomery
Benton
Yosemite Nat. Park
Yosemite Village
Mt. Dana
June Lake
Deadman Summit
Mt. Ritter
Mammoth Lakes
L. Crowley
Devils Postpile Nat. Mon.
Mono Pass
Boundary Pk.
Bishop
Owens Riv.
White Mts.
Pioneer
Bear Valley
Arnold
Strawberry
Douglas Flat
Long Barn
Sonora
Tuolumne
Groveland
Coulterville
La Grange
Mt. Bullion
Mariposa
El Portal
Midpines
Fish Camp
Ahwahnee
Oakhurst
Merced
Planada
Chowchilla
Madera
Berenda
Friant
CLOVIS
FRESNO
Calwa
Sanger
Reedley
Orange Cove
Selma
Kingsburg
Dinuba
Orosi
Hanford
VISALIA
Exeter
Lemoore
Tulare
Lindsay
Porterville
Springville
Woodlake
Lakeshore
Pine Ridge
Tollhouse
Pine Flat Res.
Kings Canyon Nat. Park
Kearsarge Pass
Giant Forest
Mt. Whitney
Sequoia Nat. Park
Hammond
Kaweah
Pinehurst
Independence
Lone Pine
Lone Pine Ind. Res.
Keeler
Owens Lake
Olancha
Haiwee Res.
Cartago
Big Pine
Nth. Palisade
Westgard Pass
Inyo Mts.
Saline Valley
Panamint Range
Panamint Valley
Panamint Springs
Towne Pass
Telescope Pk.
Wildrose Station
Death Valley
Death Valley Nat. Park
Furnace Creek
Badwater
Lowest Point in United States
Amargosa Desert
Amargosa Valley
Beatty
Rhyolite Ghost Town
Scotty's Castle
Ubehebe Crater
Tin Mtn.
Daylight Pass
Devils Hole Nat. Mon.
Death Valley Junction
Salsberry Pass
Jubilee Pass
Nevada
Goldfield
Silverpeak
Dyer
Oasis
Lida Summit
Scottys Junction
Quartzite Mt.
San Joaquin Valley
Sierra Nevada
Kettleman Hills
Tulare Lake Bed
Corcoran
Pixley
Allensworth
Delano
McFarland
Wasco
Shafter
BAKERSFIELD
Oildale
Lamont
Arvin
Tehachapi
Tehachapi Mts.
Temblor Range
La Panza Range
Taft
Maricopa
Buttonwillow
Mc Kittrick
Kernville
Isabella Lake
Lake Isabella
Greenhorn Mts.
Walker Pass
Inyokern
Ridgecrest
China Lake
Trona
Searles Lake
El Paso Mts.
Randsburg
Red Mountain
California City
Mojave
Mojave Desert
Edwards
Boron
Barstow
Calico Ghost Town
Daggett
Lenwood
SANTA MARIA
Nipomo
Los Alamos
Sisquoc
Maßstab 1:2.000.000
0
40 km
LAS VEGAS
NORTH LAS VEGAS
SUNRISE MANOR
SPRING VALLEY
PARADISE
HENDERSON
Boulder City
Hoover Dam
Lake Mohave
Colorado Riv.
Laughlin
Bullhead City
Searchlight
Nipton
Cal-Nev-Ari
Cottonwood Cove
Nelson
Jean
Goodsprings
Stateline
Mountain Springs
Shoshone
Tecopa
Ibex Pass
Kingston Pk.
Clark Mtn.
Mountain Pass
Valley Wells
Cima
Kelso
Baker
Silver Lake
Soda Lake
Devil's Playground
Providence Mts.
New York Mts.
Goffs
Essex
Needles
South Pass
Ludlow
California
Mojave Desert
Route 66

IKONISCHE BERGWELT VOR TEUFELSWERK

Die High Sierra beschert ansehnliche Kontraste: auf ihrer westlichen Seite die üppige Natur der Nationalparks und Wintersport-Paradiese an schönen Seen. An ihrer Ostseite ist das Klima ultratrocken und bringt das so lebensfeindliche wie imposante Death Valley und die Mojave-Wüste hervor.

1 LAKE TAHOE

Der Bergsee ist, von Norden kommend, das attraktive Tor zur High Sierra – nach drei Autostunden ab San Francisco. Outdoor-Action mit und ohne Schnee sowie Hotels und Lokale für jedes Budget erwarten die Gäste.

Shops und Restaurants in Heavenly City in South Lake Tahoe

SEHENSWERT

Traumhaft ist sein **Emerald Bay** im Südwesten, bestens von oben zu betrachten an der CA 89 beim Schild Vikingsholm. Das benennt die 1929 von der prominenten Anwältin Lora Knight als nordische Festung erbaute Sommerresidenz. Nur geführte Touren – die zwei Kilometer Fußweg geht es steil bergab (CA 89, Tahoma, www.vikingsholm.com, tgl. 10.00–16.00 Uhr).

ERLEBEN

Am Westufer verläuft der **Rainbow Trail** (ca. 1 km) durch Schilf, teils als Lehrpfad zu den Forellen im See. Im Winter geht es in **Heavenly** an der Südspitze des Sees von 3060 m über 97 Pisten und Tiefschneehänge hinunter, zwischen Bäumen hindurch und wieder hinauf mit 28 Liften und Gondeln. Im Sommer ist das Gebiet ein Revier für Wanderer (4080 Lake Tahoe Blvd., South Lake Tahoe, www.skiheavenly.com, Gondel tgl., Winter 9.00–16.00, Sommer 9.00–17.00 Uhr). Groß und Klein turnen im **Tahoe Tree Top Adventure Park** höher an der Westküste über Hochbalken und Schwingbrücken (725 Granlibakken Rd., Tahoe City, www.tahoetreetop.com).

HOTEL/RESTAURANT

$$$–$$$$ **Edgewood Tahoe** bietet neuerdings Villa Suites (180 Lake Parkway, Stateline, https://edgewoodtahoe.com). $ **Base Camp Pizza Co.** in Heavenly serviert auch draußen (South Lake Tahoe, https://basecamppizzaco.com).

INFORMATION

Tahoe City Visitor Information Center, 100 North Lake Blvd., Tahoe City, Tel. 1530 5 81 69 00, www.gotothenorth.com/lake-tahoe/visitor-center

2 YOSEMITE NATIONAL PARK

Die UNESCO erhob ihn 1984 zum Welterbe – ob seiner außergewöhnlichen Schönheit und weil zu 95 Prozent Wildnis. Der **Yosemite National Park** TOPZIEL liegt gut drei Autostunden östlich von San Francisco mit Anfahrt über die CA 120.

SEHENSWERT

Das **Yosemite Valley** ist ein malerisches Hochtal mit Wiesen und Wald aus Pinien, Eichen und Zypressen und dem **Merced River.** Darüber thront der Kultgipfel **El Capitan** mit 1000 m Steilwand. Das Valley, das für Besucher voll erschlossen ist, hat 20 km bequeme Fahrradwege. Sightseeing via Bustour ist mit Fahrern wie Maynard, die zugleich Guides sind, so informativ wie kurzweilig.

Üppige Pizza gibt es für hungrige Hiker oder Snowboarder bei Base Camp Pizza in Heavenly

El Capitan im Yosemite Valley vom Touriwagen auf dem Southside Drive aus

El Capitan, Half Dome, Cathedral Rocks – die Bucket-List an Fotos und Eindrücken wird auch ohne Kletterpartien voll, besonders auch am **Glacier Point** auf 2200 m (HW 41, gen. Wawona Rd., dann Glacier Point Rd.).
Wie auf Augenhöhe erscheinen von hier oben die Gipfel von **Half Dome** (2695 m) und **Mount Hoffmann** (3300 m).

MUSEEN

Das **Yosemite Museum** besteht seit 1926 und widmet sich gerade auch den Native Americans; das **Yosemite Valley Visitor Center** daneben, das größte der vier Center im Park, stellt Geologie, Flora und Fauna, den Naturkundler John Muir und den kalifornischen Fotografen Ansel Adams vor. Im **Indian Village of the Ahwahnee** wurde ein Indianerdorf nachgebaut (alle: 9035–9037 Village Dr. Yosemite Valley, www.nps.gov/yose/learn/historyculture/yosemite-museum).

ERLEBEN

Es warten knapp 2000 Trails aller Schwierigkeitsgrade. Der **Four Mile Trail** zum Beispiel führt auf 7 km ziemlich steil vom Valley zum Glacier Point (s. o.; www.yosemitehikes.com). **River Rafting** auf dem Fluss **Merced** ist kurz nach der Schneeschmelze eine Sausefahrt (www.oars.com).

HOTEL

Im $–$$$ **Yosemite Bug Rustic Mountain View Resort** nächtigen Gäste in Zelten, Cabins und bequemen Bungalows. Es liegt südwestlich vom

Parkeingang Arch Rock – 35 Autominuten sind es über die CA 140 (6979 HW 140, Midpines, Tel. 1 209 9 66 66 66, www.yosemitebug.com).

RESTAURANT
Der $$ **Speisesaal des Ahwahnee Hotels** atmet den noblen Geist seiner Anfänge 1927: 40 m lang, 16 m breit, 10 m hoch, mannshohe offene Kamine, 8 m hohe, bleiverglaste Fenster, offenes Gebälk und Granitgemäuer. Das Essen mundet, ob Fleisch- oder Veggie-Burger, Steak oder Cheesecake (1 Ahwahnee Dr., Yosemite Valley, Tel. 1 888 4 13 88 69, www.travelyosemite.com/dining).

UMGEBUNG
Mariposa ist ein adrettes Städtchen mit Lokalen und Inns und eine Autostunde über die CA 140 W vom Yosemite Valley entfernt (www.mariposachamber.org/visitor-center). Hier erklärt das California State Mining & Mineral Museum Goldrausch und Mineralien (5005 Fairgrounds Rd., www.parks.ca.gov, Mai–Sept. Do.–So. 10.00 bis 17.00 Uhr; Okt.–April 10.00–16.00 Uhr).

INFORMATION
Yosemite Valley Visitor Center,
9035 Village Dr., Yosemite Village,
Tel. 1 209 3 72 02 00,
www.yosemite.com/locations/yosemite-valley-visitor

3 MAMMOTH LAKES

Von Los Angeles dauert die Autofahrt fünf Stunden nach Nordosten. Um 1900 zog die Bergwildnis mit den Seen Jäger und Angler an, seit 1957 auch Wintersportler. Der Bergort **Mammoth Lakes TOPZIEL** bietet allen Komfort, ist Ausgangsort zum Mammoth Mountain.

RASANT WIE BATMAN

Das Skiresort Mammoth Lakes baut als Sommer-Action eine Zipline, laut Resort die größte Nordamerikas. An dieses Stahlseil haken Mutige sich auf 3400 m ein, sausen bergab, stoppen an einer Plattform, und weiter geht's. Die Sause überwindet 640 Höhenmeter und wird bis zu 90 km/h schnell.

www.mammothmountain.com

Den Gipfel des Mammoth Mountain nehmen im Sommer die Biker unter die Räder.

SEHENSWERT
Jenseits der Skiarena sind Wälder und Seen geschützt. **Lake Mary** verzaubert mit blauem Gletscherwasser nahe beim zerklüfteten Berg **Crystal Crag.** Die **Twin Lakes** sind ein Hiker-Heaven und mit Schnee ein Langlauf-Traum. Ein Paradies für Angler wie für Wanderer: der **Convict Lake.** Die **Ansel Adams Wilderness,** vor allem die Basalt-Formationen des **Devils Postpile,** sehen aus wie von Menschenhand gefräste Säulen, die dann verschmolzen. Aber es waren Feuer und Eis vor 100 000 Jahren, die die 20-Meter-Säulen hinterlassen haben (www.nps.gov/depo).

ERLEBEN
Mit dem Mountainbike geht es im **Mammoth Bike Park** über Stock und Stein. Anfänger können auf einfachem Terrain reinschnuppern. **Mono Lake** (rd. 45 km südl.) ist ideal fürs Birdwatching.

HOTEL
Die Gästezimmer der versteckt liegenden $-$$$ **Tamarack Lodge** von 1924 reichen vom Lodge Room ohne eigenes Bad bis zur Delux-Cabin. Echt alt ist die rustikal-komfortable Main Lodge (163 Twin Lakes Rd., Tel. 1 800 6 26 66 84, www.tamaracklodge.com).

INFORMATION
Mammoth Lakes Welcome Center,
2510 Main St., Mammoth Lakes,
Tel. 1 760 9 24 55 00,
www.visitmammoth.com

4 NATIONALPARKS SEQUOIA UND KINGS CANYON

Die beiden Parks gehen ineinander über und kosten nur einmal Eintritt. Der Sequoia wurde 1890 gegründet, der Kings Canyon 1940. Sie sind gigantische Natur, von ganz unterschiedlicher Art, und liegen vier Autostunden von Los Angeles.

SEHENSWERT
Die **Giant Sequoia,** landläufig Mammutbäume genannt, sind die Stars im **Sequoia National Park.** Der General Shermann Tree ist der voluminöseste Baum der Welt und wächst mit weiteren Giganten im **Giant Forest** an der CA 180 (47050 Generals HW, Three River). Der zweitgrößte nach Volumen, der General Grant im **Kings Canyon National Park,** bringt es auf 32,8 m Durchmesser bei der Krone und 8,8 m beim Stamm. Sein Standort: General Grant Grove an der CA 180 E (Grant Tree Rd.).

MUSEEN
Das **Giant Forest Museum** ist so einfach wie toll gemacht (47050 Generals HW., Three Rivers, www.visitsequoia.com, tgl. 9.00–16.30 Uhr). Das **Kings Canyon Visitor Center** dient auch als kleines Museum zum Nationalpark (s. Information).

INFORMATION
Kings Canyon Visitor Center,
839 18 CA 180 E, Grant Grove Village,
Tel. 1 559 5 65 33 41, www.visitsequoia.com/explore/visitor-centers

5 DEATH VALLEY NATIONAL PARK

Der **Death Valley National Park TOPZIEL** ist Teil der Mojave-Wüste östlich der High Sierra und ist von Mammoth Lakes ca. 320 km entfernt. Reisende erleben im Death Valley bizarre Täler, üppige Dünen, Berge und einen Salzsee.

SEHENSWERT
Die Early-Bird-Tour führt ab Oase **Furnace Creek** für den Sonnenaufgang zum **Zabriskie Point** mit Aussicht über Berg und Tal (CA 190 E), dann zum Salzsee **Badwater** am tiefsten Ort der westlichen Hemisphäre, 86 m unter Normalnull (Badwater Rd.), danach zum **Devil's Golf Course** (Natural Bridge Rd.) und zurück zur Oase in den Last Kind Words Saloon (ges. 70 km). Die Oase **Stovepipe Wells** im Norden hat Ranger Station, General Store und Hotel und liegt günstig zu

Schöne Aussichten im Kings Canyon National Park in Richtung Kings Canyon und Hume Lake

den großen **Mesquite Flat Sand Dunes.** Bei Vollmond sehen sie in der kargen Wüstenei einfach spooky aus (190 E bei Stovepipe Wells).

MUSEUM

Am **Harmony Borax Works** ist heute an Ruinen erkennbar, warum Chinesen im 19. Jh. ins Death Valley kamen. Sie halfen, Borat abzubauen (HW 190 nördlich Furnace Creek, Schild folgen).

Das **Furnace Creek Visitor Center** ist zugleich Museum und geologisches Institut und erklärt Wüste, Erosion, Wassermangel, unterirdische Quellen und Überlebensstrategien von Pflanze, Tier und Mensch (s. u., tgl. 8.00–17.00 Uhr).

ERLEBEN

Extremsportler laufen im Death Valley den **Badwater-Ultra-Marathon,** kürzer geht immer (www.badwater.com).

HOTELS

$$–$$$ The Inn at Death Valley empfängt seine Gäste seit 1927 in spanischem Ambiente und mit Komfort (CA 190, Furnace Creek), etwas günstiger ist **$–$$ The Ranch at Death Valley** nebenan; zusammen sind sie The Oasis at Death Valley (HW 190; s. „Ja natürlich"). Das **$–$$ Panamint Springs Resort** im westl. Death Valley in Sichtweite der 3300 m hohen Panamint Range, Motel seit 1937, ist im Western Style- (40440 CA 190, Panamint Springs, www.panamintsprings.com).

UMGEBUNG

Die Kleinstadt **Lone Pine** (https://lonepinechamber.org) wurde ca. 1850 gegründet, ist seit 1870 Poststation. Jake's Saloon ist jünger – trotz alter Schwingtür wie zu Wildwest-Tagen (119 N. Main St., Tel. 1760 876 57 65, tgl. 12.00–2.00 Uhr). Die Gegend war Drehort für 400 Western-Filme, heißt es im Museum of Western Film History (701 S Main St., www.lpmuseum.org, Do.–Mo. 10.00 bis 16.00 Uhr). Lone Pine ist das Einfallstor für **Mount Whitney,** den höchsten Berg der USA.

INFORMATION

Furnace Creek Visitor Center,
CA 190, Furnace Creek,
Tel. 1760 786 32 00,
www.nps.gov/deva/planyourvisit/basicinfo.ht

SOLARKRAFT FÜRS RESORT

Das Death Valley gehört zur kalifornischen Mojave im Osten des Staates. In dieser Wüste produziert die Sonne laut Experten die doppelte Strahlenenergie der sonst in den USA üblichen.

Interessierte erfahren mehr zur natürlichen Powerquelle an der Solarstrom-Anlage des Ferienresorts Oasis at Death Valley, das einem strengen Konzept der Nachhaltigkeit folgt, sei es beim Wasserverbrauch, sei es bei der Minderung von Emissionen. Die Solaranlage „deckt mit Energie aus 5700 neuen Solarpaneelen 55 Prozent des im Resort benötigten Stroms ab", so der Oasis-Direktor Trey Matheu, während wir mit ihm durch das staubige Areal marschieren. Die Energie werde erst ins allgemeine Netz gespeist – „unsere Anlage war 2008 das größte privat betriebene Solarfeld rundum und deckte mit alter Technik 33 Prozent ab." Paneel an Paneel reiht sich auf. Ein Rundgang um die Anlage ist möglich, dieser Marsch drum herum dauert eine gute halbe Stunde.

Die Lage in der Wüste verlangt Nachhaltigkeit – Resort Oasis im Death Valley.

Kein Vergleich ist die Anlage jedoch zum Sonnenwärme-Kraftwerk Ivanpah Solar Electric Generating System (ISEGS) am Ivanpah Dry Lake in der südlichen Mojave. Das ISEGS ist eines der größten seiner Art weltweit, liefert Sonnen-Power aus 173 500 Heliostaten, die mit insgesamt 300 000 von Software gesteuerten Spiegeln arbeiten – für knapp 400 MW Leistung und die Versorgung von 140 000 Haushalten. Das erspart über seine Laufzeit Millionen Tonnen klimaschädliches CO_2. Es lässt sich auf einem virtuellen Rundgang entdecken, also fast klimaneutral.

Touren bei Furnace Creek: Das Resort Oasis at Death Valley und seine Solarstrom-Anlage liegen mitten im Death Valley. CA 190, Furnace Creek, Tel. 1 760 7 86 25 14, www.oasisatdeathvalley.com

Kraftwerk ISEGS: rd. 250 km südöstl. vom Resort in der kalifornischen Mojave bei Ivanpah, rd. 14 km² groß. Die virtuelle Tour findet statt auf: www.brightsourceenergy.com/ivanpah

San Francisco & Umland

*

SEHNSUCHTS-ZIEL, WELTWEIT

*

San Francisco gilt als schillerndes Epizentrum mit jeder Menge Selbstbewusstsein und viel Romantik. Die Stadt liegt einmalig schön, die Stimmung ist cool, der Nebel auch. Laisser-faire ist en vogue, einige Verbote aber auch.

Ein Traumziel: die Golden Gate Bridge, die das Stadtgebiet von San Francisco mit der gegenüberliegenden Halbinsel verbindet.

Die lichtdurchflutete Oculus Bridge, hoch oben im SFMOMA, ermöglicht völlig neue Perspektiven ins Innere des Museumsbaus.

Studierende befragen Werke von Njideka Akunyili Crosby (l.) und Mickalene Thomas (r.) im SFMOMA (oben).
Und auch sie gehören zur Metropole San Francisco: vom Trubel recht unbeeindruckte Seelöwen am Pier 39 an Fisherman's Wharf.

Alte und neue Bauten eng verbunden: Von der Post Street fällt der Blick auf die Glasfassade des Salesforce Tower.

Die Cable Car bringt die Gäste automatisch zu den meisten Highlights.

„Karl the Fog" ist ein mysteriöser Bürger der Stadt, schreibt *The Guardian* in seiner US-Edition im Juni 2019. Jedenfalls habe besagter Karl über 200 000 Follower bei Instagram. Und mit der Golden Gate Bridge sei er seit 1937 vertraut. Inzwischen folgen ihm auf Instagram und Twitter mehrere Hundertausend. Aber man lernt ihn auch analog kennen, ob als Bürger oder Besucher der Stadt, ob man will oder nicht. Denn San Francisco hat eine Traumlage mit Pazifik, Bay, Hügeln – und heißen Temperaturen im Inland. Genau diese Lage beschert der Stadt regelmäßig Interaktion mit „Karl the Fog".

So nennen Locals nämlich ihren Nebel. Der zieht im Sommer oft vom Meer auf und verharrt meist bis Mittag. Karl umhüllt dann die Stadt wie Watte und legt sich wie ein Schleier über die Sträßchen mit den typischen Holzhäusern, die im typischen Bergauf, Bergab verlaufen. Er verleiht der Stadt etwas Geheimnisvolles, wenn er etwa um die Golden Gate Bridge wabert. Kühl ist er auch, verlangt nach dicken Jacken selbst im Hochsommer.

SCHÖNE AUSSICHTEN

Doch verlässt Karl die Szene, trumpfen die Straßen von San Francisco unter blauem Himmel auf, zeigt sich die Idylle ihrer bunten Häuschen, die sich quer über die mehr als 40 Hügel verteilen, auf denen die Stadt errichtet ist. Und ihr berühmtes Panorama-Feuerwerk legt los: mit Golden Gate Bridge zum Meer und Bay Bridge landeinwärts, mit der Gefängnisinsel Alcatraz im Bay und dem Coit Tower, dem etwa 70 Meter hohen Aussichtspunkt, am Ufer davor. Dann lassen sich im Financial District auch die zwei höchsten Gebäude der Stadt in ihrer ganzen Pracht blicken: der 2017 erbaute Salesforce Tower, mit 330 Meter Spitzenreiter, und die Transamerica Pyramid, zuvor in dieser Position mit 260 Metern. Dann entfaltet sich in natura alles, was einen auf Kalenderfotos, in YouTube-Posts oder in Filmen – wie unter anderem in den 1970er-Jahren in der Serie *Die Straßen von San Francisco* – so fasziniert hat.

HÖHENFLUG UND HIPPIES

Von den vielen Hügeln der Stadt tun sich sieben hervor, weil nur sie einen offiziellen Namen tragen. Davon sind die Highlights der noble Nob Hill – auch Ort einiger Luxushotels –, der Russian Hill mit dem romantischen Quartier mitsamt autofreier Macondray Lane sowie die fast 300 Meter hohen Twin Peaks als Hotspot für 360-Grad-Aussichten bis in die verheißungsvolle Ferne: nach Süden über das Silicon Valley, nach Norden bis zu den berühmten Weingebieten Napa und Sonoma, nach Nordosten

> **»IN DER ZEITGENÖSSISCHEN STADT« IST DAS MUSEUM »AUCH EIN STÄDTISCHER BRENNPUNKT … «**
>
> Mario Botta, Architekt des SFMOMA

An Fisherman's Wharf hat sich das Bistro Boudin etabliert – hier kann man Sourdough Bread, geschmackvolles Sauerteigbrot, in allen Formen und Größen kaufen.

Graffiti begleiten das geschäftige Leben, das in der Washington Street in Chinatown herrscht.

»WER DURCH DIE STRASSEN FLANIERT, DER SIEHT, RIECHT, HÖRT UND VERSPÜRT: HIER WIRD EINE INTERKULTURELLE GESELLSCHAFT GELEBT.«

Am Alamo Sq. Park reihen sich die Painted Ladies aneinander, bunt angestrichene viktorianische Holzhäuser. Dahinter wetteifern Bauten um die Höhe.

Mit Nonchalance teilen sich die Locals ihre Stadt mit den Touristenscharen – tagaus, tagein, das ganze Jahr. Nicht zuletzt beim Probieren im Ferry Building Marketplace am Bay …

zur quirligen Universitätsstadt Berkeley und gen Südosten auf die andere Bay-Seite mit Oakland.

Ein Highlight anderer Art hat sich in Hippie-Zeiten etabliert. Seither lässt mancher seine Hüllen buchstäblich fallen, selbst in Downtown und nicht nur an den Stränden von North Baker Beach oder Red Rock Beach. So wie 1967, als die Hippies ihren „Summer of Love" in der Stadt zelebrierten. Viele blieben hier oder kamen später ins Flower-Power-Mekka und nehmen sich weiterhin diese Freiheit.

LIBERALE UND AVANTGARDE

Wer durch die Stadt flaniert, der sieht, riecht, hört und verspürt: In San Francisco wird eine interkulturelle Gesellschaft gelebt und nicht nur gepredigt. Auch in Form hochgelobter Multikulti-Kulinarik, die in jeweiliger Landessprache geordert werden kann und deren Duft in der Luft liegt: ob in der wuseligen Chinatown oder im pittoresken North Beach, auch Little Italy genannt, ob am Nob Hill mit Fusionküche und Sternerestaurants oder um die Castro und Mission Street mit Latino-Cuisine.

Die Stadt ist bunt seit ihren Anfängen 1848, als der California Gold Rush Scharen von Desperados in den Westen lockte. Ihre Bürger sind liberal, gerade auch politisch. So avancierte San Francisco mit der Offenheit für gleichgeschlechtliche Liebe und dem ersten Gay Pride March 1970 zum Mekka für Schwule und Lesben. Hier wurde 2006 der Cannabis-Besitz entkriminalisiert. Heute gehören zum Selbstverständnis der Stadt, Avantgarde zu sein, allerdings auch Rauchverbot, Waffenverbot und Plastikverbot vor Ort.

UNPRÄTENTIÖS UND LÄSSIG

Verstärkt geben nämlich auch junge Techies den Ton mit an. Die Tech-Generation verdient im Hype des Silicon Valley hohe Gehälter und lebt im hippen San Francisco einen unprätentiösen Lifestyle mit Öko-Bewusstsein. Ihr typischer Dress: T-Shirt, ihre typischen Gefährte: Bike, Roller, Skateboard und in einer Garage noch ein PS-starker-Flitzer. Drum sehen sie sich auch nicht als Öko-Paxe der 1970er-Jahre. Im Gegenteil: Ihr lässiges Selbstbewusstsein füttert sich daraus, der Nabel der Tech-Welt, wenn nicht gar der Nabel der Welt zu sein. So gehen sie auch darüber hinweg, dass in der Stadt die Preise derart hochgetrieben wurden, dass viele Alteingesessene sich ein Leben hier nicht mehr leisten können.

TANZ AUF DEM VULKAN

Zur Stadt gehört seit jeher die Abgeklärtheit der San Franciscans, kann doch ihre Stadt jederzeit ein desaströses Erdbeben heimsuchen – wegen ihrer Lage auf der berüchtigten San-Andreas-Verwerfung. Dass sie sich Katastrophen nicht ergeben, zeigten die San Franciscans beim Wiederaufbau nach dem großen Brand 1849 und erneut nach dem katastrophalen Erdbeben 1906. Der Tanz auf dem Vulkan – geologisch eine tektonische Platte – geht weiter; vielleicht gerade auch, weil es der letzte sein könnte.

HOP ON HOP OFF

Die nostalgische Cable Car bringt einen unter anderem in die angesagten Viertel von North Beach und Chinatown; zum touristischen Fisherman's Wharf; zum noblen Nob Hill; zum Vista-Point Coit Tower und zur berühmten Lombard Street – mit ihren Kurven und Blumenrabatten ein Höhepunkt für Fotoshootings. Und zum Ferry Building von 1898: Einst war im Gebäude die Schalterhalle für die Fähren übers Bay, nun ist es Lukullus-Tempel mit Gourmetlokalen und Bio-Anbietern: Man kann Champagner und Austern schlürfen. Regionale Organic Farms verkaufen Öko-Gemüse und Bio-Käse. Im Ferry Building treffen sich Berufspendler, Müßiggänger und Touristen.

»ICH BIN EIN JUNGE DES SILICON VALLEY. ICH GLAUBE EINFACH, DASS LEUTE AUS DEM SILICON VALLEY ALLES SCHAFFEN KÖNNEN.«

Elon Musk, Unternehmer

Eine Galerie aus Street Art: In der Balmy Alley im Mission District sind viele aussagestarke Murals versammelt.

Der Ausklang eines Tages bringt vielleicht einen „Bullenritt", wie ihn Country Western Clubs in der Stadt und außerhalb (l.) anbieten, ein gepflegtes Bier von der San Francisco Brewing Co. (u.; hier Braumeister J. Boehle) oder einen Cocktail „On the Moon" in Charmaine's Rooftop Bar & Lounge in San Francisco (u.).

Alles, was Leder ist (links): Folsom Street Fair, FSF, ist das weltweit größte (Straßen-)Fest der Lederszene, das jährlich die Leather Pride Week in San Francisco abschließt. Ein beliebter Treffpunkt für die Community der LGBTQ.

Im Stil des Fox Oakland Theater in Oakland wurde sowohl Indianisches als auch Maurisches entdeckt.

Über ihre Forschung ist die renommierte private Stanford University eng mit dem Silicon Valley verbunden.

NACHHALTIG NEUES – MISSION BAY

Zum Selbstverständnis der San Franciscans gehört nicht zuletzt moderne Stadtplanung – wie im modernen Mission Bay. Früher Industriegelände mit Werften, Lagerhäusern und Konservenfabriken, nun urbanes Viertel mit Wohnungen für großes wie kleines Geld, mit Büros, dem Oracle Park der Baseball-Profis und dem neuen Chase Center, natürlich ein rauchfreier Campus, für Konzerte und Events. Hier spielen seit Herbst 2019 auch die NBA-Basketball-Profis der Golden State Warriors (siehe Special). Top-Anbindung mit Bus und Bahn ist für Berufstätige ebenso gegeben wie für Gäste der Arena nach Spielen und Events. Modernste Biotech-Firmen haben sich angesiedelt, ebenso Start-ups für Gesundheitsthemen im digitalen Bereich und ein Research-Campus der University of California. Lokale, Spa, Gym und ein Work-out-Trail am Wasser runden die Angebote zur Work-Life-Balance ab.

NACHHALTIG ALTES – PRESIDIO

Ganz anders The Presidio am Golden Gate. Hier etablierten die Spanier 1776 ihr Fort El Presidio. Bis 1994 war es Kaserne mit ansehnlichen Backsteingebäuden, mit Wildnis und einem 1910 gebauten Golfplatz nur für die Army. Heute steht der Platz allen Golfern offen. Das Gesamtareal von zig Hektar ist National Park. So war es vereinbart, sollte das Militär den Standort in bester Lage aufgeben, was 1994 geschah. „Damit war den Immobilienspekulationen um den Presidio ein Riegel vorgeschoben“, betont Ranger James Osborne im Visitor Center.

Neue Heimat der Warriors: Chase Center in San Francisco

WENN KRIEGER WEITERZIEHEN

Die Basketballprofis der Golden State Warriors kehrten Oakland 2019 den Rücken.

Bis zur Oracle Arena jenseits des Bay in Oakland dauert die Autofahrt von San Francisco rund eine Stunde, vom Silicon Valley ebenso – ohne Rushhour. Bis zum Ende der Spielzeit 2018/19 kamen Tausende Fans der Golden State Warriors um Superstar Stephen Curry in die Arena, um ihr Meisterteam spielen zu sehen. Aber seit 2019 gehen die Warriors ihrer Arbeit im brandneuen Chase Center in Mission Bay in San Francisco nach (die „Seeing Spheres“ davor stammen von Ólafur Eliasson).

Zwei weitere Top-Teams der NBA, der milliardenschweren Profi-Basketball-Liga, sind in Kalifornien zu Hause: die Lakers und die Clippers, beide mit Spielort im Staples Center in LA Downtown. Welcher Bundesstaat hat schon drei „NBA-Franchises“? Auch wenn das Trio in der Saison 20/21 mal keine Titelchancen hatte – trotz Superstars und deutschem Teamkollegen Dennis Schröder.

Wie Stanford brachte auch die staatliche University of California, Berkeley, etliche Nobelpreisträger hervor.

Südlich des Hightechstandorts Silicon Valley lässt der Castle Rock State Park Hiker und Jogger in die Natur eintauchen ...

... und stellt Climber mit dem Goat Rock vor sportliche Herausforderungen.

Ökonomie und Ökologie auf Kalifornisch

WIRTSCHAFTSMACHT KALIFORNIEN

California State ist nicht nur die mächtigste Volkswirtschaft der USA, sondern er puscht mit dieser Power und mit politischer Haltung auch den Klimaschutz. Was Ex-Präsident Donald Trump sehr ärgerte, gefällt nun seinem Nachfolger Joe Biden richtig gut.

Kalifornien gibt sich umweltbewusst: Bis 2030 werden auch in Los Angeles (Foto) deutlich mehr Elektroautos auf den Straßen fahren.

Statistiken und Zahlen der Ökonomen sind oft dröge, die Rankings daraus dagegen spannend. Wie das der stärksten Wirtschaftsnationen weltweit. Die entscheidende Größe dafür ist das Bruttoinlandsprodukt, kurz BIP. Kaliforniens BIP betrug im Jahr 2020 rd. 2,72 Bio. Dollar (rd. 2,30 Bio. €). Damit ist der US-Bundesstaat nicht nur die größte Wirtschaftsmacht innerhalb der USA. Vielmehr nimmt Kalifornien unter allen Nationen der Erde den 5. Platz ein – hinter den USA in toto mit rd. 20,93 Bio. Dollar (17,72 Bio. €), gefolgt von China (rd. 14,7 Bio. $; 12,46 Bio. €), Japan (rd. 5,06 Bio. $; 4,29 Bio. €) und Deutschland (rd. 3,80 Bio. $; 3,22 Bio. €).

Für die ökonomische Power des Golden State sorgen nicht nur seine Techgiganten Google und sein Mutterkonzern Alphabet, zudem Facebook oder Apple – nach ihren Aktienkursen mit die wertvollsten Companies weltweit und alle gegründet und ansässig im Silicon Valley der Bay Area gleich südlich von San Francisco. Weitere wichtige Wirtschaftszweige sind innovative Biomedizin und Gentechnik mit Firmen gerade auch bei San Diego im Süden. Die traditionelle Agrarindustrie nicht nur im fruchtbaren Central Valley bringt es zudem auf rd. 50 Mrd. Dollar (2019; 42 Mrd. €) Brutto-Jahresumsatz.

Ein weiteres ökonomisches Schwergewicht und eine der global führenden Wissenschaftsinstitutionen: die private University of Stanford in Palo Alto in der Bay Area. Die 1885 gegründete Privatuni wies 2019/20 ein operatives Budget von rd. 6,5 Mrd. Dollar (5,5 Mrd. €) aus. Zu Stanford gesellt sich die staatliche University of California, Berkeley, und sie trumpft nicht nur mit ihren 31 Nobelpreisträgern auf.

GANZ GROSS: UMWELTSCHUTZ

Kalifornien ist der bevölkerungsreichste Staat der USA, aber Größe und Power ist im Staat mit dem Bären auf seiner Flagge nicht alles. So geht er seit etwa 1970 beim Umweltschutz maßgeblich voran. Seither genießt der Pazifik-Anrainer einen Sonderstatus in der Nation bei Abgasemissionen – mit strengeren Abgaslimits als sonst in den USA. 2006, unter Gouverneur Arnold Schwarzenegger, deckelte Kalifornien für sein Gebiet die Treibhausgasemissionen mit dem Ziel, sie auf unter 80 Prozent des Niveaus von 1990 zu senken – bis 2045. 2018 verschärfte der Golden State sein Ziel noch und setzte damit ein Zeichen gegen Donald Trump, der die USA vom internationalen Klimaabkommen abmeldete. Diesen Schritt machte Trumps Nachfolger Präsident Biden mit Amtsantritt rückgängig.

Weil Kalifornien so voller Power ist, gibt es auch eine Calexit-Bewegung der Yes-California-Kampagne. Die verfolgt den Austritt Kaliforniens aus dem US-Staatenbund und zieht einen Anschluss an Kanada in Betracht.

Agribusiness – das Konzept der Harris Ranch in Coalinga verbindet Landwirtschaft mit Tourismus.

Die Tower Bridge in Kaliforniens Hauptstadt Sacramento erstrahlt in Goldgelb.

FAKTEN & INFORMATIONEN

Bis 2030 sollen auf Kaliforniens Straßen 5 Mio. E-Mobile rollen und dafür 250 000 Ladestationen allerorten zur Verfügung stehen. Der Bundesstaat fördert dieses Klimaprojekt mit mehr als 138 Mio. Dollar.

Harris Ranch: zwischen San Francisco und Los Angeles, www.harrisranch.com/

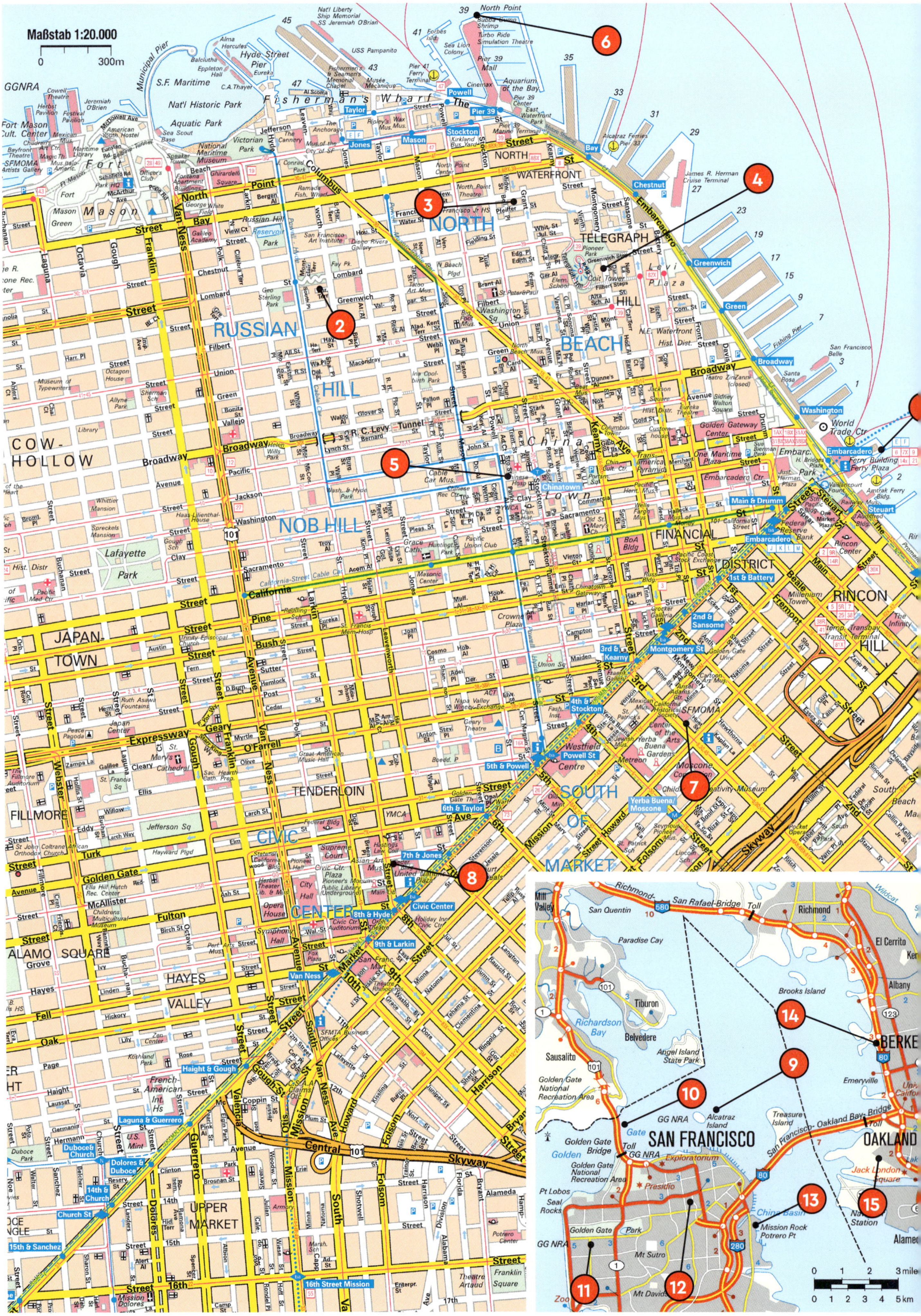
Maßstab 1:20.000
0
300m
Fisherman's Wharf
North Point
Pier 39
Nat'l Historic Park
Aquatic Park
Fort Mason
Mason Green
COW-HOLLOW
RUSSIAN HILL
NORTH BEACH
TELEGRAPH HILL
Coit Tower
Levi Plaza
NOB HILL
Chinatown
FINANCIAL DISTRICT
RINCON HILL
Embarcadero
Ferry Building
Ferry Plaza
World Trade Ctr
JAPAN-TOWN
Japan Center
Lafayette Park
FILLMORE
Jefferson Sq
TENDERLOIN
CIVIC CENTER
City Hall
ALAMO SQUARE
HAYES VALLEY
SOUTH OF MARKET
SFMOMA
Yerba Buena Gardens
Moscone Center
Union Sq
UPPER MARKET
Mission Dolores
Skyway
Central Skyway
1
2
3
4
5
6
7
8
San Quentin
Paradise Cay
Richmond
San Rafael-Bridge
El Cerrito
Albany
Brooks Island
Tiburon
Belvedere
Richardson Bay
Sausalito
Angel Island State Park
Alcatraz Island
Treasure Island
Golden Gate National Recreation Area
Golden Gate Bridge
SAN FRANCISCO
Exploratorium
Presidio
San Francisco-Oakland Bay-Bridge
OAKLAND
Jack London Square
Emeryville
Pt Lobos
Seal Rocks
Golden Gate Park
Mt Sutro
Mt Davidson
China Basin
Mission Rock
Potrero Pt
9
10
11
12
13
14
15
3 miles
0 1 2 3 4 5 km

»IF YOU'RE GOING TO SAN FRANCISCO«

Die Stadt ist ein Traum durch ihre Lage – auf drei Seiten von Wasser umrahmt und auf Hügeln drapiert. Am besten fährt, wer sie per Cable Car und zu Fuß erobert. Denn San Francisco ist nur zehn Kilometer lang und ebenso breit. Die Food-Szene ist vielfältig, oft gut und eher teuer.

Die Golden Gate Bridge ist eine Hängebrücke, die schwingen kann und daher trotz ihrer Länge und Höhe nur selten bei Stürmen geschlossen werden muss.

ALLGEMEIN

Die Hippies feierten San Francisco nicht nur singend, sondern auch durch ihren Lebensstil. Auf eine andere Weise wild waren die Abenteurer im Goldrausch des Wilden Westens zugange. Die modernen Gold-Digger machen ihre Milliarden nun südlich vor der Stadt mit Algorithmen und Daten und katapultierten San Francisco und seine knapp 900 000 Einwohner mit in ihre hippe Lebenswelt.

INFORMATION
San Francisco Welcome Center: Pier 39, Building B, San Francisco, Tel. 1415 716 58 97, www.visitcalifornia.com/welcome-centers; sowie: San Francisco Visitor Information Center: 749 Howard St., Tel. 1415 391 20 00

1–9 DOWNTOWN

SEHENSWERT
In Downtown mit dem **Financial District** liegen Top-Museen, Theater und das Shoppingzentrum Union Square an Market Street. Die Market ist Zubringer zum Finanzzentrum und zum Embarcadero, östlich direkt am Bay, der zur Flaniermeile ausgebaut ist. Das ❶ **Ferry Building,** seit seinem Bau 1915 Wahrzeichen und als Fähranleger Transit-Hub, ist nun außerdem ein kulinarischer Tempel mit Lokalen und Geschäften samt Farmers Market (1 Ferry Building, www.ferrybuildingmarketplace.com).

Ein Vergnügen: die Fahrt durch die Kurven der Lombard Street

Das Viertel **Nob Hill** nordöstlich davon ist recht nobel, hat historische Mansions, teure Lokale und Luxushotels.

Japantown, 2 km westlich vom **Union Square,** ist dezent statt bunt. In seinem Zentrum finden sich Peace Pagode, Japan Center und japanische Lokale, diverse Shops sowie das Kabuki Springs & Spa als Oase asiatischer Badekultur (www.sfjapantown.org).

Die ❷ **Lombard Street** geht über Kilometer von Ost nach West, hat ihre berühmten Spitzkurven mit Blumenrabatten von Hyde bis Leavenworth St. am **Russian Hill.**

North Beach wiederum gilt als **Little Italy** mit guter italienischer Gastroszene. Bis hier oben verläuft auch eine der ältesten Straßen von San Francisco: die ❸ **Grant Avenue.** Sie wurde 1845 von den Spaniern angelegt. Unter 1232 Grant befindet sich die älteste Kneipe der Stadt – der Saloon von 1861 (1232 Grant Ave., Tel. 1415 989 76 66, www.sfblues.net).

Der 64 Meter hohe ❹ **Coit Tower** östlich auf **Telegraph Hill** vermittelt Top-Aussichten. Über die Grant flaniert es sich schön gen Süden bis **Chinatown;** die nennt sich die größte und älteste ihrer Art in Nordamerika. ❺ **Chinatown Alleyways** sind Teil von Chinatown, aber noch eher typisch als Wohnviertel von damals: 40 Sträßchen vereinen sich hier, mit Anfängen im Jahr 1848 – seinerzeit Zeitzeugen von Opiumexzessen und Goldrausch, herrscht hier nun ein Gewusel von Läden, Dim-Sum-Küchen, Wohnungen und Tempeln (www.chinatownalleywaytours.org).

Das Areal **Fisherman's Wharf** im Norden ist Entertainment pur mit Hotels, Geschäften und zahlreichen Lokalen. Am ❻ **Pier 39** leben leibhaftige Seelöwen, liegen auf den Pontons. Neu sind gemalte Exemplare.

MUSEEN
Ein Must ist das ❼ **SFMOMA – San Francisco Museum of Modern Art** (151 3rd St., www.sfmoma.org, Fr.–Mo. 10.00–17.00, Do. 13.00–20.00 Uhr, s. auch Tipp), erbaut von dem Schweizer Architekten Mario Botta, erweitert von Snøhetta. Bei Ausstellungen gab es zuletzt Kunst von Ólafur Eliasson, Anish Kapoor, aber auch Alexander Calder zu sehen. Das ❽ **Asian Art Museum** zeigt 18 000 Arbeiten aus 6000 Jahren, sowohl persische Miniaturen als auch japanische Miniaturkunst (200 Larkin St., www.asianart.org, Fr.–Mo. 10.00–17.00, Do. 13.00–20.00 Uhr).

GUTER EINSTIEG

*Das 7 **SFMOMA** rät Erstbesuchern seiner gut 30 000 Werke: erst Floor (Ebene) 3 anschauen – Fotografien; dann die Living Wall mit 20 000 Pflanzen; darauf Floor 1 – die Roberts Family Gallery und digitale Murals. Danach Café und Shop. Tipp der Autorin: vorher noch Floor 5 – US-Pop-Art – und Floor 6 – „German Art" nach 1960: Georg Baselitz, Anselm Kiefer, Sigmar Polke, Gerhard Richter sind hier mit Werken versammelt.*

SFMOMA
151 3rd St., www.sfmoma.org, siehe auch „Museen"

ERLEBEN

Cable Cars, seit 1873 in Betrieb, erfreuen heute vor allem Touristen, aber nach wie vor auch Einheimische auf drei Linien mit ihrem Service von Downtown bis Chinatown. Sie bringen sie etwa nach Fisherman's Wharf oder tragen sie hinauf nach Nob Hill und wieder hinab. Zustieg in Downtown: an den Wendepunkten Powell, Market St. bzw. California St. (www.sfmta.com).

An Pier 40 startet **City Kayak** Touren zu Highlights am Bay (nahe Oracle Park, South Beach Harbor, https://citykayak.com).

9 **Alcatraz,** die berühmte Insel im Bay, war erst Fort, dann Militär- und bis 1963 Hochsicherheitsgefängnis für alle (nur per Boot ab Pier 33, www.cityexperiences.com/san-francisco, Link „Alcatraz Tours", tgl. 10.00–14.00 Uhr).

HOTELS

Das $$$$ **Fairmont San Francisco** ist ein Klassiker üppiger Eleganz auf Nob Hill (950 Mason St., www.fairmont.com/san-francisco). Das $$$ **Kabuki Hotel** in Japantown ist außen unauffällig, innen gediegen-modern (1625 Post St., www.jdvhotels.com/hotels/california).

RESTAURANTS

Das $ **Golden Boy** kredenzt Pizza (542 Green St., www.goldenboypizza.com). $$$ **Mister Jiu's** in Old Chinatown kocht hochwertige chinesische Küche und bekam jüngst einen Michelin-Stern (28 Waverly Place, www.misterjius.com). An Pier 43 ½ serviert $$ **The Franciscan Crab** Seafood (Pier 43 ½, www.franciscancrabrestaurant.com). Das Restaurant $$ **Greens** gilt als vegetarische Institution mit Erfolgsstory seit 1979 (2 Marina Blvd., Fort Mason Bldg. A, https://greensrestaurant.com).

SHOPPING

Labels aller Art bieten **Union Square, Market St.** und **Post St.** Im **Bistro Boudin** an Fisherman's Wharf kann man Bäckern bei ihrem Handwerk zusehen und im Bistro den herrlichen Blick auf Alcatraz und Angel Island genießen (160 Jefferson St., 2nd Floor, www.bistroboudin.com). Seit 1929 verkauft **Lucca** Delikatessen und italienische Spezereien, z. B. Lasagne (2120 Chestnut St., www.luccadeli.com, tgl. 9.00–17.00 Uhr).

Der **Original Ghirardelli Ice Cream & Chocolate Shop** ist eine einzige Naschstation (900 North Point, www.ghirardelli.com, tgl.).

10–12 GOLDEN GATE/PRESIDIO

SEHENSWERT

Die 10 **Golden Gate Bridge TOPZIEL** im Nordwesten der Stadt, rund 2 km lang, ist Ikone. Sie führt seit 1937 übers Golden Gate, wo Pazifik und Bay sich vereinen, und hat als wohl einzige Brücke weltweit einen Anstrich in „International Orange". Die tollsten **Aussichten** auf die Brücke: von Osten bei Fort Mason, der Kultur- und Ausgehstätte auf dem Ex-Werftgelände am Bay; von Fort Point National Historic Site, dem Bollwerk unterhalb der Brücke; von Marshall's Beach im Südwesten; von Fort Baker jenseits der Brücke nördlich bei **Sausalito** (www.goldengatebridge.org). Speziell ist der Spaziergang über die Golden Gate Bridge und dabei aus der Vogelperspektive auf Surfer und Boote hinunterzusehen.

Der **Presidio** ist illustrer Nachbar der Brücke, gefällt mit Wildnis wie Kultur. Das Gelände erstreckt sich südlich der Golden Gate, war bis 1994 riesige Militärbasis in bester Lage an Meer und Bay und ist nun ein Nationalpark mit Wander- und Radwegen (www.presidio.gov).

Das frühere Militär-Flugfeld **Crissy Field** wurde – von Teerbelägen befreit – zum Vogelparadies. Am Main Post, einst das Hauptgebäude, residieren in restaurierten Backsteinhäusern der Army nun Visitor Center, Museen und Hotel (www.parksconservancy.org/parks/crissy-field).

Der 11 **Golden Gate Park,** die grüne Lunge im Südwesten, feierte 2020 ihren 150. Geburtstag und bekam zum Fest ein 45 Meter hohes Riesenrad mit 1A-Aussicht (https://sfrecpark.org). An den Park grenzen die Straßen **Haight/Ashbury.** Rundum fand 1967 der „Hippie Summer of Love" statt. Noch heute zieht es User psychedelischer Drogen hierher. Im 12 **Alamo Square Park** auf dem Hügel stehen bunt angestrichene viktorianische Häuschen an der Steiner St. in einer Reihe, die **Painted Ladies.**

Seerosenpracht in einem Gewächshaus im Golden Gate Park – wer denkt nicht an Monet?

MUSEEN

In die Ex-Militärbasis Presidio zog das informative **Walt Disney Family Museum** mit ein (104 Montgomery St., www.waltdisney.org, Do.–So. 10.00–17.00 Uhr). Der **Presidio Officer's Club** nebenan beherbergt ein interaktives Museum zur Historie des Presidio (50 Moraga Ave., www.presidio.gov/officers-club, Di.–So. 10.00–17.00 Uhr).

Das **De Young Museum** im Golden Gate Park begrüßt Interessierte im von Herzog & de Meuron entworfenen futuristischen Bau und zeigt afrikanische sowie aus Ozeanien stammende Kunst, auch Textilien und Skulpturen (59 Hagiwara Tea Garden Dr., https://deyoung.famsf.org, Di.–So. 9.30–15.15 Uhr).

Der **Japanese Tea Garden** im Park ist mit Buddha-Statuen, Brückchen und Pagoden schön meditativ (75 Hagiwara Tea Garden Dr., www.japaneseteagardensf.com, tgl. 9.00–17.45 Uhr).

Das **Legion of Honor Museum** bildet mit dem De Young Museum (s. o.) die **Fine Arts Museums of San Francisco.** Es zeigt im Beaux-Arts-Bau europäische, v. a. französische Kunst; die Sammlung ist die größte außerhalb Frankreichs (100 34th Ave., www.legionofhonor.famsf.org, Di.–So. 9.30 bis 17.15 Uhr).

HOTEL

$$$ **The Inn at the Presidio** – wo einst im Backsteingebäude Single-Offiziere ihr Quartier nahmen, warten heute 22 modern-elegante Hotelzimmer auf Otto-Normal-Gäste (42 Morgan Ave., Tel. 1 415 8 00 73 56, www.presidiolodging.com).

13 MISSION BAY/MISSION DISTRICT

SEHENSWERT

Das **Mission Bay,** das neue Viertel am Bay, gilt mit seinen moderat hohen Wohn- und Büropalästen als Musterbeispiel für urbanes Leben. Sein 13 **Chase Center** direkt am Bay ist Konzert-Hotspot und ein Muss für Fans des Basketballs, da seit 2019 Spielort der NBA-Profis Golden State Warriors (https://chasecenter.com/home, www.nba.com/warriors). Das künstlerische Highlight steht am Eingang: eine imposante Stahlinstallation des aus Island stammenden Künstlers Ólafur Eliasson mit dem Titel: „Seeing Spheres" (siehe Special, S. 78).

Der Kontrast zum **Mission District** westlich nebenan könnte kaum größer sein, es ist teils „very back in time". Unter der 3321 16th St. findet sich nämlich das älteste Gebäude der Stadt von 1776 – die **Mission Dolores.** Die Missionsstation, auch Mission San Francisco de Asis genannt, wurde von dem ersten Missionar Kaliforniens und Gründer von San Francisco, Pater Junípero Serra (1713–1784), mitbegründet, ihre große Basilika um 1918 ergänzt (www.missiondolores.org).

Auf eine ganz andere Art ansehnlich ist die **Balmy Alley** an 24th und 25th St. – wegen der kreativen Polit-Murals; die ersten entstanden 1970 (www.balmyalley.org). Das **Castro Theatre** weiter westlich im Gay-Zentrum lohnt schon wegen seines Schicks der 1920er- und 1930er-Jahre (429 Castro St., www.castrotheatre.com).

Der Sandstein im Castle Rock State Park ist ideal zum Klettern und Bouldern.

14-15 UMGEBUNG

NÖRDLICH
Bis zur Universitätsstadt ⑭ **Berkeley** im Nordosten sind es 30 Minuten über die IS 80. Ihr Campus von 1868 ist höchst ansehnlich, ihr Park Idylle pur. Das Leben im Ort folgt dem Rhythmus der Studierenden und Lehrkräfte (www.visitberkeley.com).
Die Nachbarstadt ⑮ **Oakland** liegt genau jenseits der San Francisco Bay Bridge (www.visitoakland.com). Anziehungspunkt ist die Oracle Arena (7000 Coliseum Way, Oakland, www.theoaklandarena.com; siehe auch Special). Sie hat 20 000 Plätze für Konzerte zur Verfügung und Céline Dion, André Rieu und weitere Stars verpflichtet. Außerdem betreiben in der Arena die Oakland Panthers ihren Sport: Profi-Hallen-Football als Team der nationalen Indoor Football League. Die Arena ist ihre Home-Base.
Rund 40 Automin. sind es von San Francisco gen Norden zum **Muir Woods National Monument** und den **Coastal Redwoods** (1 Muir Woods Rd., Mill Valley, www.nps.gov/muwo, 8.00–18.00 Uhr).

SÜDLICH
Von San Francisco ist man in einer Autostunde im südlich gelegenen **Silicon Valley** (Karte S. 96), ohne Rushhour. Seine Städtchen waren lange touristisch im Abseits, verträumt sind sie immer noch. Nur **Palo Alto** war vor IT-Zeiten wegen seiner 1891 gegründeten **Universität Stanford** weltweit ein Begriff. Die Headquarter der Tech-Titane im Valley: **Cupertino** (Apple), **Menlo Park** (Facebook), **Mountain View** (Google und Alphabet), **Palo Alto** (Tesla).
Der **Castle Rock State Park TOPZIEL** ist Teil der **Santa Cruz Mountains,** gute zwei Autostunden südlich von San Francisco und südlich vom Silicon Valley, und ist bei Locals beliebter Hotspot zum Wandern und Rock Climbing. Die sattgrüne Wald- und Bergregion geht in ihrem Süden ins Weingebiet Santa Cruz Mountains über (s. Kapitel Central Coast & Central Valley). Die Fahrt zum State Park führt vom HW 85 Rtg. Los Gatos (über HW 9 und 35) und passiert hier den höchsten Punkt der Santa Cruz Mountains. Offizielles Tor zum State Park ist der Robert C. Kirkwood Entrance am HW 35 nahe der Kreuzung HW 9, zu finden unter: 15451 Skyline BV, www.parks.ca.gov, Kirkwood Entrance Station: tgl. 8.00–17.00 Uhr; Park: 6.00 Uhr bis Sonnenuntergang).

JA NATÜR LICH

ÖKO-PILZE SELBER ZIEHEN

Zu den Öko-Farmern im Ferry Building in San Francisco gehört die Garrone-Familie. An ihrem Laden verweist ein Schild auf „Far West Fungi". Ihre Farm liegt im Süden bei Moss Landing, vier Kilometer vom Meer entfernt. Rundherum reiht sich Feld an Feld mit Erdbeeren, Artischocken – und dazu kommen dann natürlich die Pilze der Garrones. Ab und an finden Touren statt. Wir werden durch das Land und die Gewächshäuser geführt, erfahren, dass hier alles Mögliche an kultivierten wie wilden Pilzen „organic", also biologisch, reift: ob Shiitake, drei Arten Tree Oyster – Pink, Gelb und Blau –, King Trumpet, Maitake, ob Lion's Maine oder auch Morel. Insgesamt 70 Variationen bieten die Pilzzüchter an, die ihrem Metier seit über 30 Jahren nachgehen.

Ein Traum für Hobbyköche, aus dieser Fülle an exotischen und weniger exotischen Speisepilzen mehr als eine feine Pilzpfanne zu zaubern.

Über das Wachstum, das in Plastiksäcken beginnt, und die Ernte von Hand wachen Spezialisten. Kyle Garrone, einer von zwei Juniorchefs: „Wir haben auch einen Online-Versand, aber nur in den USA." Kleine Kisten, genannt Mini-Farm, stehen zudem zum Verkauf bereit – wie auch im Ferry Building; mit ausführlicher Anleitung auf der Website, damit das Ziehen der Pilze auch klappt.

Die Garrones öffnen ihre Tore nur bei Touren. Es gibt keinen Hofladen. Anmeldung ist im Laden im Ferry Building in San Francisco möglich; einfach dem Firmenschild „Far West Fungi" folgen. Hier offerieren sie auch Pilze getrocknet und als Pulver, Fenchelpulver, Trüffelöl, echte Vanillestangen, Meersalze etc.

Shop und Anmeldung: 1 Ferry Building, www.farwestfungi.com; **Tour:** nur nach Voranmeldung, 25 $ pro Person

Central Coast & Central Valley

BERAUSCHENDE NATUR

Die Central Coast südlich von San Francisco eröffnet Meeresblicke der Superlative. Im Central Valley jenseits der Küste wächst, was über Kalifornien hinaus auf den Tisch kommt. Pioniere machten das schon möglich.

Der 17-Mile Drive mäandert von Pacific Grove bis Pebble Beach die Küste entlang, immer mit fantastischen Aussichten auf fantastische felsgerahmte Buchten wie am Cypress Point.

Pure Vielfalt hinter den hohen Fenstern im Monterey Bay Aquarium: Mal lugt ein kleiner Bay Pipefish aus dem Seetang, mal zieht ein grauer Hai majestätisch seine Bahnen.

Glitzernder Ozean. Kliffe. Wildnis. Was mögen die First Americans und die späteren Siedler aus Europa gedacht haben, als sie die Küste für sich entdeckten, die heutige Central Coast? Besuchern heute entlockt das wild-spektakuläre Gebiet „Oh und Ah" – um den berühmten US-Schriftsteller Henry Miller zu zitieren, der in der Einsamkeit am bekanntesten Punkt der Central Coast – Big Sur – lebte und hier 1957 das Buch schrieb: „Big Sur und die Orangen des Hieronymus Bosch". Darin schwärmt Miller von „der überwältigend großartigen Landschaft, ... an der nichts zu verbessern ist ...". Zu der Zeit war sie dem Menschen schon bequem zugänglich durch die 1937 fertiggestellte CA 1, die auch HW 1 genannte Straße. Sie ist ab dem Ort Carmel nördlich von Big Sur bis San Simeon auf 150 Kilometer ein National Scenic Byway und gilt weltweit als eine Traumstraße.

TRAUMORT CARMEL

Am Meer liegt Carmel inmitten alter Kastanienbäume und duftender Kiefern. Es diente schon vor dem Bau der CA 1 Kreativen als Rückzugsort. Zuvor gab es allenfalls abgelegenes Weideland, aber mehr noch unwegsame Wildnis. Ab etwa 1890 wurde Carmel als teures Ferienhaus-Refugium entdeckt, bekam später ein fußgängerfreundliches Zentrum mit Boutiquen, Galerien und Lokalen, als das in den USA nicht en vogue war. Ab 1980 zog nicht nur wegen des

An Europäer, die schon früh die Region aufsuchten, erinnert die 1771 erbaute Carmel Mission (ganz links). Die Lone Cypress am 17-Mile Drive hält sich wacker auf ihrem Felsen – ein sehr beliebtes Fotomotiv (links).

Der Blick auf die Bixby Bridge, die südlich von Carmel die Küstenstraße über eine tiefe Schlucht trägt, lässt einen erst erschauern, dann ihre Bau-Crews bewundern.

»IM SOMMER IST EINE FAHRT AUF DER KÜSTENSTRASSE VON BIG SUR DAS AUFREGEND-SCHÖNSTE, DAS MAN SICH VORSTELLEN KANN.«

James D. Houston, Schriftsteller (1933–2009)

berühmten Bürgermeisters Clint Eastwood in Carmel der Tagestourismus ein. So kam es zur Schranke am 17-Mile Drive, wo Naturschönheit und Traumhäuser ein voyeuristisches Mixed aufführen. Genau hier breitet sich spektakulär auf Klippen der legendäre Golfplatz Pebble Beach aus: ein Sehnsuchtsziel für Golfer weltweit, wohl prohibitiv teuer mit Green Fees die Runde von mehreren Hundert Dollar.

TRAUMWELT UM BIG SUR

Der Scenic Byway CA 1 führt ab Carmel eng und kurvig durch Tiefen und über Höhen. Ab Carmel ist das Land rar bebaut. Und wo doch, liegen Häuser versteckt im Wald beziehungsweise kleben fast unsichtbar an Felsen unterhalb der Straße, wie etwa das Post Ranch Inn mit seinen feinen Units und dem Adlerhorst-Panorama zu Luxuspreisen. Gut 40 Kilometer sind es ab Carmel zum Big Sur Village mit der einzigen Tankstelle weit und breit. Hier befindet sich die Henry Miller Memorial Library und das Esalen Center, das laut eigener Aussage spirituell humanistisch bildet. Dabei reicht für den spirituellen Rausch allein die Natur am Byway.

Damit auch der aufs Fahren Konzentrierte auf seine Kosten kommt, bekam die Straße etliche Vista Points, die zugleich Stopps sind, sodass Eilige passieren können. Am Weg markieren kleine Parks weitere Pioniertaten, die dem Bau der CA 1 und ihrer Brücken weit vorausgingen. „Um alles zu sehen, reicht ein Tag nicht, schon gar nicht mal nebenbei auf der Durchreise nach LA oder San Francisco“, betont der Concièrge des Hotels L'Auberge Carmel. „Drei Stunden nonstop dauert es allein von Carmel nach San Simeon – bei wenig Verkehr.“ Und man muss es doch genießen, ganz so wie es einst Henry Miller tat.

ERSTE SIEDLER UND DIE WILDNIS

Einer der Parks zu Ehren der Pioniere ist der Point Sur State Historic Park südlich der Bixby Bridge. Ab und an lassen sich hier seltene Kormorane mit ihrer riesigen Flügelspannweite blicken. Ein weiterer Stopp in Sachen Pioniere kommt mit dem Pfeiffer Big Sur State Park, nicht zu verwechseln mit dem Pfeiffer Beach und seinem purpurfarbenen Sand im Angesicht zackiger Felsen. Zum Park geht es landeinwärts in die Berge der Santa Lucia Range. Sein Name erinnert an die ersten Siedler vor Ort aus Europa, die Pfeiffers; die fanden 1869 her. Sohn John lebte in einer Hütte im heutigen Park, blickte damals schon auf die alten Redwood Trees und den Big Sur River. Aber er empfand das damals sicher anders als heute unsereins – uns befällt Romantik.

SEELÖWEN UND SALONLÖWEN

Am südlichen Teil des Scenic Byway, in San Simeon, flacht die Küste vorübergehend ab, die Santa-Lucia-Berge dahinter bleiben hoch. Hier liegt der Point Piedras Blancas mit dem Leuchtturm von 1875 und einer bis zu 18 000 Seelöwen starken Kolonie. Dann kommt San Simeon mit gut 400 Einwohnern in den Bergen und der abgelegenen Walfänger-Station am

Vom traumschönen Highway 1 ist der Sand Dollar Beach an der Küste von Big Sur zu erreichen – hier braucht es nicht unbedingt ein Board, hier lässt es sich auch einfach sitzen und schauen …

Die Küste von Big Sur sei malerisch wie die Amalfi-Küste in Italien, heißt es manchmal. Doch ist sie viel natürlicher, was etwa die Szenerie des Pfeiffer Beach mit dem Keyhole Arch unmittelbar vor Augen führt (links).

Der Ort Pacific Grove ist eine romantische Enklave voller Historie auf der Monterey-Halbinsel. Point Pinos Lighthouse markiert ihre äußerste Nordspitze (oben).

Den europäischen Siedlern muss einst bei ihrem ersten Ritt durch das fruchtbare Tal, wie hier um Fresno, das Herz aufgegangen sein.

Stattliche 32-Meter-Bahnen und Heizung: Im Neptune Pool des Hearst Castle konnten Verleger wie Gäste komfortabel planschen.

Im Galletto Ristorante in Modesto (oben, rechts) erinnert alles an Bella Italia, und es schmeckt auch so wie dort.

Meer von 1852. Später entstand die Rancho San Simeon und wurde 1865 von George Hearst gekauft. Sein Sohn Randolph verfiel Jahre später auf die Pioniertat, in diese wilde Einsamkeit sein protziges Hearst Castle zu setzen (siehe Special).

GARTEN EDEN IM CENTRAL VALLEY

Die CA 46 beginnt südlich von San Simeon, ist eine der seltenen West-Ost-Trassen von der Central Coast hinter Big Sur ins Central Valley. Das Tal ist die Herzkammer der Landwirtschaft Kaliforniens und ein wahrer Garten Eden: Äpfel, Tomaten, Baumwolle, Mandeln, grüner Spargel, Zitrusfrüchte, Trauben für Rosinen – das und vieles mehr gedeiht, oft in kilometerlangen Reihen, und wird heute verstärkt nachhaltig gezogen. „Farm to Table" steht daher als Slogan an vielen Märkten, Bioläden, Supermärkten und Lokalen, sei es nun in San Francisco oder Sacramento.

Europäische Siedler errichteten im Tal Städte wie Fresno, heute größte Stadt im Valley und Kapitale für Rosinen, oder die adrette Kleinstadt Modesto, schon länger auch mit einer Topadresse für bestes Olivenöl. Das stellt die Familie Sciabica her, die 1925 aus Sizilien kommend hier ihre Farm gründete. Sie fokussierte sich 1936 auf den Anbau von Oliven, variiert das Öl nun auch mit der Zugabe frischer Kräuter und Früchte. Im Laden lassen sich diverse delikate Produkte verkosten. High Sierra, Yosemite und Co. müssen warten.

Durchgängig prachtvoll: Gothic Suite und Bibliothek

SPLEEN UND ZUFLUCHT

Das Schloss wirkt irgendwie obszön-faszinierend am unbebauten Küstenstreifen und ist ein Vermächtnis der Verleger-Legende William Randolph Hearst.

Der Verleger lebte von 1863 bis 1951 und besaß Anfang des 20. Jahrhunderts die größte Zeitungskette der USA. Er nannte sein Hearst Castle selbst Ranch. Viehzucht betreibt seine Familie noch heute auf dem Riesenbesitz an der Central Coast nahe dem Ort San Simeon. Doch für sein Hauptgebäude ist Ranch krass untertrieben, handelt es sich doch um einen Monsterbau mit 165 Räumen, alt-mediterran und in purem Pomp gestaltet. Randolph Hearst realisierte damit seinen Traum vom Sommersitz samt riesiger Swimmingpools drinnen wie draußen. In toto steht das Castle für einen Exzess an Luxus. Hier residierte Hearst mit seiner Langzeit-Geliebten Marion Davies und empfing Promigäste wie Cary Grant.

Den Roman Pool in Hearst Castle mit seinen blauen und goldenen Kacheln überspannt eine Decke aus Mosaiken.

Feinste Strände

WOGEN, HIMMEL, BERGE UND MEHR

Seit den 1970-Jahren haben die Beach Boys sie besungen, der Film „Baywatch" setzte sie zuletzt 2017 optisch groß in Szene – Kaliforniens Strände. Auf gut 1300 Kilometer Küste kuscheln sie sich oft vor zerklüftete Berge, bieten mal Sand wie in Point Reyes, mal Fels wie bei Big Sur, sind mal feinkörniger Naturstrand – und haben immer Bilderbuch-Beach-Flair.

1 CORONADO BEACH

Der Sandstrand liegt auf der Halbinsel Coronado vor San Diego – rechts begrenzt von einer Marine-Basis und geschützt durch Felsküste. Linker Hand zieht sich der Sand auf Kilometer, ist richtig breit, und das nicht nur bei Ebbe. Da hat die ganze Familie Spaß: Sandburgen bauen, Body-Surfing, Beach-Walking, Muscheln sammeln und nichts tun. Am rechten Beach-Eingang Ocean Blvd./Ecke Pine St. nahe Naval Base verteilen sich am Strand etliche steinerne Feuerstellen; für Nutzer gilt „first come, first served" (oder: Wer zuerst kommt, mahlt zuerst), alles in Eigenregie – und Kohle nicht vergessen.

Pazifik-Küste, 400 Ocean Blvd., Coronado, www.coronadovisitorcenter.com, tgl. 4.00–23.00 Uhr

2 LA JOLLA TORREY PINES STATE BEACH

Diese sieben Kilometer Sandstrand trennen das Meer von den Kliffen und vom Pinienwald des Torrey Pines State Natural Reserve. Daran grenzt der Torrey Pines Golf Course. Der Beach ist bequem per Auto erreichbar. Munter macht der Anmarsch durch das Natural Reserve.

Pazifik-Küste, 12600 N Torrey Pines Rd., La Jolla, https://torreypine.org, tgl. 7.15 Uhr bis Sonnenuntergang

3

SANTA MONICA BEACH

Der breite Sandstrand ist traditioneller Hotspot der Beachvolleyballer und Surfer. 2028 messen sich hier die Olympioniken beider Sportarten. Wer zusätzlich Spiel und Spannung sucht: Das Santa Monica Pier und der Pacific Park animieren seit 1909 mit Karussell, Achterbahn und Riesenrad. Südlich vom Pier sporteln nicht nur Traum-Bodys am traditionellen Muscle Beach an Trainingsgeräten – mit viel Sehen und Gesehenwerden. Das gilt noch mehr für den offiziellen Muscle Beach der Bodybuilder in Venice, dem nächsten Strandort gen Süden.

Pazifik-Küste, 200 Santa Monica Pier, Santa Monica, www.santamonica.com

4

CARMEL BEACH

Der Sonnenuntergang am Strand direkt im Ort ist für Romantiker wie gemacht – wie der ganze kleine Nobel-Badeort mit den alten Kiefern und Kastanien, den verwinkelten hügeligen Sträßchen und den hübschen Häusern, die Rhododendron und Hecken schmücken. Weit und breit kein Strandboulevard mit Lokalen in Carmel, keine kilometerlangen Straßen voll parkender Autos. Wegen limitierter Parkplätze am Beach parkt man am besten vor dem Ort.

Pazifik-Küste, Ocean Ave., Schild „Public Parking", Carmel, https://ci.carmel.ca.us

5

LAKE TAHOE

Der Bergsee in der High Sierra ist der östlichste Strand Kaliforniens. Ihn säumen mal Sandstrände, mal Felsen, mal Marschland, mal Wald. Was für eine Bergwelt-Idylle. Zum Schwimmen ist der Lake Tahoe zu kalt, zum Segeln und Kitesurfen ideal. Bei ruhiger Welle macht es Laune, im Kajak oder auf dem SUP-Board in Ufernähe zu cruisen – mit Start etwa ab Pope Beach.

High Sierra, CA 89, Pope Beach Rd., South Lake Tahoe, www.fs.usda.gov

6

CA 1 — BEACHES

Der Pfad bergab startet steinig, dann machen Holzstufen den Naturstrand (Foto) erreichbar. Nun heißt es Blick nach unten: Die Sand Dollars, eine Art Seeigel, leben im Boden eingebuddelt. Der gibt sie später als filigrane Miniskelette frei – rund wie Dollarmünzen sind sie, daher der Name. Anders der Naturstrand Pfeiffer Beach. Hier ragen Felsen aus den ungezügelten Wellen empor. Das Loch in einem Fels fängt zu später Stunde die Sonne ein, lässt den Sand am Strand purpurn leuchten.

Pazifik-Küste, CA 1, Pfeiffer Beach beim Ort Big Sur, Sand Dollar Beach rd. 56 km südlich auf Höhe des Plaskett Creek Campground, www.coastal.ca.gov/YourCoast

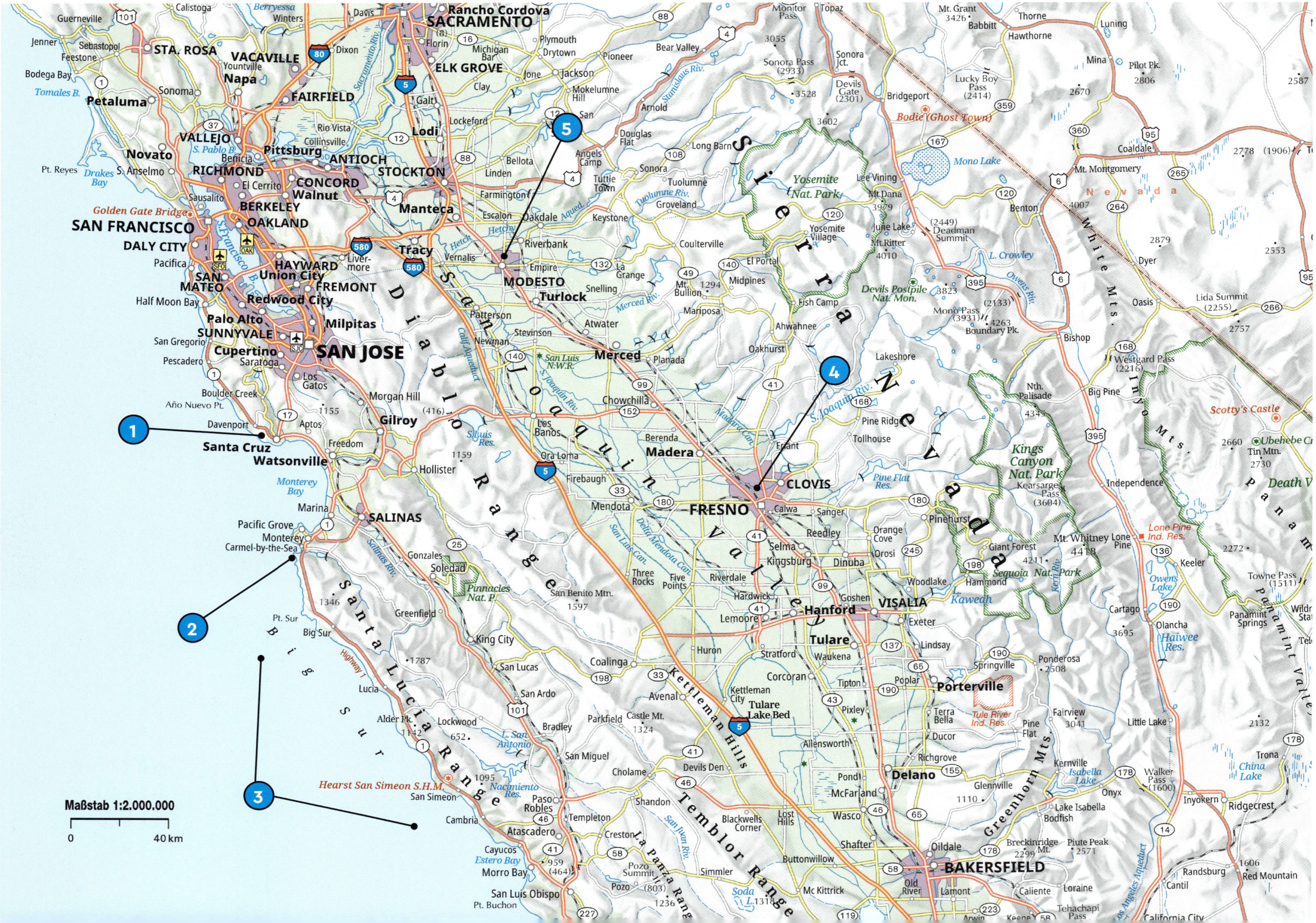

SACRAMENTO
Rancho Cordova
ELK GROVE
STA. ROSA
VACAVILLE
Napa
FAIRFIELD
Petaluma
VALLEJO
Novato
Pittsburg
ANTIOCH
RICHMOND
CONCORD
Walnut
BERKELEY
OAKLAND
SAN FRANCISCO
Golden Gate Bridge
DALY CITY
SAN MATEO
HAYWARD
Union City
FREMONT
Redwood City
Palo Alto
SUNNYVALE
Milpitas
Cupertino
SAN JOSE
Santa Cruz
Watsonville
Monterey Bay
SALINAS
Monterey
Carmel-by-the-Sea
Pacific Grove
Gilroy
Hollister
STOCKTON
Lodi
Manteca
Tracy
MODESTO
Turlock
Merced
Madera
FRESNO
CLOVIS
Hanford
VISALIA
Tulare
Porterville
Delano
BAKERSFIELD
Coalinga
Paso Robles
San Luis Obispo
Morro Bay
Hearst San Simeon S.H.M.
Big Sur
Santa Lucia Range
Diablo Range
San Joaquin Valley
Sierra Nevada
Temblor Range
Kettleman Hills
Greenhorn Mts.
White Mts.
Inyo Mts.
Yosemite Nat. Park
Kings Canyon Nat. Park
Sequoia Nat. Park
Devils Postpile Nat. Mon.
Pinnacles Nat. P.
Mono Lake
Bodie (Ghost Town)
Scotty's Castle
Death V
Bishop
Independence
Mt. Whitney 4418
Ridgecrest
Maßstab 1:2.000.000
0
40 km
1
2
3
4
5

LEUCHTTÜRME DER SUPERLATIVE, FARMEN MIT BIG BUSINESS

So verschieden können Nachbarn sein. Die Central Coast begeistert durch ihre wilde Felsküste; man muss immer nur der CA 1 folgen. Das Central Valley jenseits des Küstengebirges berauscht als Garten Eden, die Arbeit der Landwirte immer vor Augen; statt über die schnelle IS 5 ist man am besten entschleunigend unterwegs auf dem langsameren HW 99.

1 SANTA CRUZ

Die **Central Coast** im Norden (https://centralcoast-tourism.com) läutet die Universitätsstadt **Santa Cruz** (rd. 100 km südl. von San Francisco) ein. Sie liegt eingebettet zwischen Meer, Monterey Bay und Santa Cruz Mountains, hat knapp 60 000 Einwohner und ca. 20 000 Studierende.

Die Garrapata Creek Bridge ist eine der alten Brücken von Big Sur, heute geschlossen.

SEHENSWERT

Direkt am Beach hat seit 1907 der Vergnügungspark **Santa Cruz Beach Boardwalk** offen – mit neuen Attraktionen und romantischem Roller Coaster von 1924 (400 Beach St., https://beachboardwalk.com, Öffnungszeiten je nach Attraktion, s. Website).

ERLEBEN

Santa Cruz ist seit Dekaden **Surfer-Hotspot** sowohl mit geschütztem Bay als auch mit forderndem Pazifik vor der Tür, wie etwa am East Cliff. Anfänger tummeln sich in Downtown beispielsweise am Cowell's Beach, der vom West Cliff Drive erreichbar ist.
Surfen unterrichtet u. a. die Surfschool Santa Cruz (3548 Portola Dr., Tel. 1831 428 3647, https://surfschoolsantacruz.com).
Wanderer und Kletterer toben sich in den nahen **Santa Cruz Mountains** aus, zu denen auch der Castle Rock State Park (s. Kapitel San Francisco, Umgebung) gehört.

HOTEL

Das $$– $$$ **Chaminade Resort & Spa** liegt zehn Autominuten von der Stadtmitte in ruhiger Lage an der CA 1 (1 Chaminade Ln., Tel. 1831 475 56 00, www.chaminade.com).

RESTAURANTS

Das $$ **Soif Restaurant** in Downtown bietet stylish-gemütliches Ambiente, kreative Kulinarik, auch vegetarisch, und gute Weine (105 Walnut Ave., Tel. 1831 423 20 20, www.soifwine.com).
Romantiker nutzen seit 1947 die Zahnradbahn ins $$$ **Shadowbrook** am Monterey Bay – mit Casual und Fine Dining –, andere kommen im Oldtimer-Shuttle oder im eigenen Gefährt (1750 Wharf Rd., Capitola, Tel. 1831 475 15 11, www.shadowbrook-capitola.com).

SHOPPING

Die Mini-Manufaktur **Mutari Chocolate House & Factory** kauft ihre Schokobohnen in zehn Ländern, von Indien bis Jamaika, und kreiert daraus Verführung pur (504 Front St., Tel. 1831 687 81 41, www.mutarichocolate.com).
Einige **Winzer** der Region unterhalten in der Stadt **Tasting Rooms** (www.surfcityvintners.com). Der Weinladen **Birichino** hat auch Tropfen aus der Ferne im Sortiment (204 Church St., Tel. 1831 425 48 11, www.birichino.com).

UMGEBUNG

Im 19. Jahrhundert brachten Siedler Reben mit in die Bergausläufer, nun hat der Wein die offizielle AVA **Santa Cruz Mountains** (https://winesofthesantacruzmountains.com). Zu den Winzern gehören seit 1933 die **Bargettos,** sie schaffen vollmundige Rote aus Pinot noir, Merlot und Syrah und fruchtige Weiße aus Chardonnay und Sauvignon blanc. Verkostet wird im alt-rustikalen Tasting Room (3535 N Main St., Soquel, Tel. 1831 475 22 58, https://bargetto.com).
Stephen und Pamela Storrs bauen seit 2001 Reben nach ökologischen Grundlagen zu köstlichen Pinot noir, Riesling und Gewürztraminer aus und ziehen gute Zinfandel aus der renommierten alten Rebsorte. Ihr Tasting Room mit Terrasse ist zeitgemäß-schick (1560 Pleasant Valley Rd., Aptos, Tel. 1831 724 50 30, www.storrswine.com).

In der Basilika der Mission von Carmel hat der Missionar Junípero Serra seine Grabstätte.

Den Jellyfish (Quallen) schenkt das Monterey Bay Aquarium besondere Aufmerksamkeit.

INFORMATION

Visitor Information Center,
303 Water St., Suite 100, Santa Cruz,
Tel. 1831 425 12 34, www.santacruz.org

2 CARMEL

Der Ort Carmel-by-the-Sea (4000 Einw.) war schon 1880 Ferienort. Und schafft seither den Spagat zwischen Hochpreisrefugium und Dorfidylle – das noch immer ohne Hausnummern.

SEHENSWERT

An den **Carmel Beaches** gibt es keine Boulevards mit Strandlokalen – selten und wunderbar.

Der **17-Mile Drive** eröffnet faszinierende Sichtachsen zum Meer und zu feudalen Häusern. Wer ihn nur zum Cruisen befährt, zahlt 10 US-Dollar; die Straße gehört zum Luxusresort Pebble Beach mit dem gleichnamigen Kult-Golfplatz auf den Klippen (Zufahrt vom Sunset Dr., Pacific Grove, s. u., bzw. von Carmel via N San Antonio Ave., www.pebblebeach.com, Sunrise bis Sunset).
Das **Carmel Valley** östlich der CA 1 hat Obstfarmen, Weinberge, Weiden und Wald. Seine Hauptstraße Carmel Valley Road zieht sich eng und kurvig durch die **Santa Lucia Range.** Kleine Lokale lohnen den Halt (www.carmelvalley chamber.com).

An der legendären Felsküste von Big Sur liegt recht versteckt Sand Dollar Beach.

HOTELS

Das $$$–$$$$ **L' Auberge Carmel** liegt fünf Minuten zu Fuß vom Strand und verwöhnt in seinen 20 Zimmern mit eleganter Romantik, passend zum Gebäude von 1929 (Monte Verde/7th St., https://laubergecarmel.com).
Erschwinglich zum Übernachten ist die $$ **Mission Ranch** hinter den Dünen; sie pflegt ihr Flair als früheres Gehöft (26270 Dolores St., Tel. 1831 6 24 64 36, www.missionranchcarmel.com).

UMGEBUNG

Der Strandort **Pacific Grove** (9 km nördl.) lässt sich gut mit einer Fahrt über den 17-Mile Drive verbinden (www.cityofpacificgrove.org; s. o.).
Das Küstenstädtchen **Monterey** daneben am südlichen Monterey Bay war einst die Hochburg für Sardinenfischer, hatte Fischkonservenindustrie und wurde 1945 von Nobelpreisträger John Steinbeck im Buch „Cannery Row" literarisch verewigt. Die Straße der Ölsardinen ist seit 40 Jahren nurmehr Gastro- und Shopping-Zentrum.
Im **Monterey Bay Aquarium** ermöglichen hohe Unterwasserfenster Live-Views ins Bay: auf Minifische, Rochen, Seelöwen, Delfine, Haie oder sogar Wale. Das Bay ist das größte Unterwasser-Schutzgebiet der USA, das Aquarium auch Forschungseinrichtung (886 Cannery Row, Tel. 1831 6 48 48 00, www.montereybayaquarium.org, Sommer: tgl. 10.00–17.00 Uhr, Winter (ab Sept.): Do.–Mo., letzter Einlass jeweils 15.30 Uhr).
Nach 30 Autominuten nördlich von Monterey liegt am CA 1 **Moss Landing,** einst Walfangstation am Bay. Nun fischen die Boote kleineres Meeresgetier. $ Phil's Fish Market & Eatery verkauft bzw. serviert all das fangfrisch in sehr lockerem Flair (7600 Sandholdt Rd., Tel. 1831 6 33 21 52, www.philsfishmarket.com). Ab Hafen von Moss Landing starten diverse Anbieter **Whale-Watching-Touren,** darunter Blue Ocean (7881 Sandholdt Rd., Tel. 1831 6 00 51 03, www.blueoceanwhalewatch.com).

INFORMATION

Carmel Chamber of Commerce Visitor Center: Ocean Ave./Carmel Plaza, Tel. 1831 6 24 25 22, www.carmelcalifornia.com/visitor-center;
Monterey Visitors Center: 401 Camino El Estero, www.seemonterey.com;
Pacific Grove Tourist Information: 100 Central Ave., www.pacificgrove.org

3 BIG SUR

Der Name **Big Sur TOPZIEL** steht für die berauschende Küste ab Carmel-by-the-Sea gen Süden. Das Big Sur Village 40 km hinter Carmel ist ein Weiler. Am schönen Weg liegen echte und symbolische Leuchttürme.

SEHENSWERT

Die **Bixby Bridge** rd. 25 km südlich von Carmel wurde nach einem knappen Jahr Bauzeit 1932 über dem Canyon des Bixby Creek eröffnet; es war damals ein Meisterwerk des bogenförmigen Brückenbaus und wurde benannt nach dem Landbesitzer Mr. Bixby, einem Pionier im 19. Jahrhundert vor Ort. Heute ist die 80 m hohe Brücke einfach großartig.
Der **Pfeiffer Big Sur State Park** führt in die Wanderwelt der **Santa-Lucia-Berge** (47225 CA 1, östl. der Straße, www.parks.ca.gov, Link „Visit a Park"). Westlich davon erstreckt sich der **Pfeiffer Beach** (siehe „Unsere Favoriten", S. 95). Seine purpurne Farbe stammt von den manganhaltigen feinkörnigen Auswaschungen aus den Felsen. Zu erreichen ist Pfeiffer Beach von der CA 1 nahe Big Sur Station. Das enge steile Sträßchen dorthin ist die Sycamore Canyon Rd. (Schild folgen und das Verbot für Trailer und Wohnmobile beachten).
Die **Henry Miller Memorial Library** zeigt Dokumente, Fotos, Gemälde etc. des Schriftstellers Henry Miller (1891–1980), der 18 Jahre an Big Sur lebte (48603 CA 1, Big Sur, Tel. 1831 6 67 25 74, www.henrymiller.org, Mi.–So. 11.00–17.00 Uhr).
Rund 45 km südlich von hier sind **Jade Cove** und **Sand Dollar Beach** (siehe auch „Unsere Favoriten", S. 95) erreicht, weitere ca. 50 km südlich thront das pompöse **Hearst Castle** bei **San Simeon** über der Küste. Der Bauherr, Randolph Hearst, hatte Julia Morgan, eine kalifornische Architektin (und Pionierin ihres Fachs), mit dem Projekt beauftragt. Das finale Castle (Bauzeit: 1919–1947) sah Hearst nicht mehr, da er sein Refugium krankheitsbedingt vorher verließ (siehe Special; 750 Hearst Castle Rd., San Simeon, https://hearstcastle.org; zu besichtigen nur mit Tour).

ERLEBEN

Der **Point Sur State Historic Park** liegt scheinbar im Meer. Er markiert den zig Meter hohen breiten und in Millionen Jahren geformten Felsen im Wasser sowie den Leuchtturm on top, den Menschen 1889 erbauten. Von der CA 1 scheint alles unerreichbar im Pazifik zu sein, es ist aber über eine Sandbank – nur auf Touren – zugänglich (ab Schild „Point Sur Light House", Anfragen über Tel. 1831 6 25 44 19, www.pointsur.org; www.parks.ca.gov, Link „Visit a Park").

RESTAURANT

Auch frühe Hollywood-Größen und Hippies kehrten im $–$$ **Nepenthe** ein; es ist sehr touristisch, aber mit traumhaftem Meerblick (48510 CA 1, Big Sur, www.nepenthe.com).

UMGEBUNG

Zur Stadt **San Luis Obispo,** Locals sagen SLO, sind es von Hearst Castle 70 km. Sie ist angenehm für einen Halt mit Unterkünften, Weingütern (und Verkostungen) und der sehenswerten Mission San Luis Obispo de Tolosa von 1772 (751 Palm St., SLO, www.missionsanluisobispo.org).

4 FRESNO

Die größte Stadt im Central Valley ist Fresno mit 550 000 Einwohnern und Uni-Campus. Sie liegt mitten im Tal – flankiert im Osten von den Nationalparks Yosemite, Sequoia und Kings Canyon sowie der High Sierra. Das Central Valley selbst ist das geografische Zentrum Kaliforniens, knapp 700 km lang – von Bakersfield bis Redding – und bis zu 100 km breit.

SEHENSWERT

Die **Forestiere Underground Gardens,** eine teils unterirdisch in Katakomben angelegte und schattige Gartenanlage nebst Wohnräumen, initiierte um 1905 der Sizilianer Baldassare Forestiere (5021 W Shaw Ave., HW 99, www.undergroundgardens.com, Mi.–So. 10.00–16.00 Uhr).

RESTAURANT

Gemeinsam mit Chefin McKinzie Bridges aus Seattle am Herd, zaubert J. J. Wettstead, Inhaber

EINTAUCHEN INS BLÜTENMEER

Im Frühjahr ist der Blossom Trail östlich von Fresno eine Pracht, später zur Reife als Fruit Trail verführerisches Paradies. Die Wege durch Apfel- und Kirschblüten, durch Mandel-, Kiwi- und Orangen-Bäume sind ca. 25 km lang, wie der von Fowler nach Reedley, oder 10 km wie der von Sanger nach Centerville. Im Zickzack geht es über Landstraßen.

Blossom Trail
Start: südl. von Fresno, ab HW 99 bei Fowler, S Clovis Ave., www.goblossomtrail.com (mit Plan)

An Big Sur fügt sich ein atemberaubender Ausblick an den nächsten, hier am Jade Cove

von $-$$ **Max's Bistro,** moderne West-Coast-Küche, dazu passt die Weinkarte (1784 W Bullard Ave, www.maxsbistro.com).

UMGEBUNG
Der **Kern River** führt das Schmelzwasser der schneereichen High Sierra im Süden durch das **San Joaquin Valley** und ist ideal für White-Water-Rafting. Die Rafting-Station Rivers End Rafting ist sogar auf der ältesten Ranch der Region: der Rio Bravo Ranch von 1861 – am HW 178 (15701 CA 178, Bakersfield, www.riversendrafting.com; www.visitbakersfield.com).

INFORMATION
www.visitfresnocounty.org

5 MODESTO

Die Verwaltungsstadt liegt 150 km nördlich von Fresno, zählt 200 000 Einwohner und empfiehlt sich zur Rast wegen ihres Ambientes und Flairs.

SEHENSWERT
Das Zentrum war Schauplatz des Hollywood-Erfolgs „American Graffiti" (1973), eines Films von George Lucas. Durch **Downtown** im Auto zu cruisen wie im Film war angesagt, ist nun aber offiziell nur zum alljährlichen American Graffiti Festival mit Car Show erlaubt (https://americangraffitifestival.com). Ansonsten lässt es sich durch alte Alleen flanieren, shoppen und gut essen – mit Produkten von den Farmen im Valley kommen die Gerichte frisch auf den Tisch.
Im **McHenry Mansion** ist heute der Lifestyle reicher Rancher von anno 1880 zu bestaunen (906 15th St., www.mchenrymansion.org).

RESTAURANT
Das $-$$ **Galletto Ristorante** präsentiert sich innen mit dunklem Holz und weißen, gestärkten Tischdecken (1101 J Str., www.galletto.biz).

SHOPPING
Feines nicht nur aus Ziegenmilch offeriert die **Farm Nicolau** mit Molkerei – in dritter Generation seit 1900 (4451 S. Carpenter Rd., https://nicolaufarms.com). Feines Öl und mehr ist im **Sciabica Family Gift Shop** zu kaufen (2150 Yosemite Blvd., www.sunshineinabottle.com).

INFORMATION
California Welcome Center Salinas,
1213 N Davis Rd., Salinas,
Tel. 1 831 757 86 87, www.visitcalifornia.com/welcome-centers

JA NATÜRLICH

BIKEN UM DIE UC DAVIS

Was in Davis direkt ins Auge fällt, sind die Fahrradwege allerorten in dieser Stadt im nördlichen Central Valley. Der dortige Campus der Universität Davis, kurz UC Davis, gilt sogar als einer der fahrradfreundlichsten der ganzen USA.

Also rauf aufs Rental Bike und radeln wie die Studierenden und ihre Lehrer: durch Sträßchen mit Schatten spendenden Bäumen, vorbei an großen Rasenflächen, bunten Blumen und teils pompös-alten sowie neuen Bauten am Campus. Davis hat 70 000 Einwohner plus knapp 40 000 Studierende und ein ansprechendes Kleinstadtflair mit großer Auswahl an bevorzugt kleinen Geschäften, individuellen Lokalen und Cafés.

Der Campus dagegen ist räumlich gesehen der größte in den USA mit 5300 Acres, sprich gut 2000 Hektar. Die Lehr- und Forschungseinrichtung im Agrar-Zentrum Kaliforniens ist – das liegt nahe – auf Agrarwissenschaften spezialisiert.

Fahrradfreundlich führen Bike Lanes zum Botanischen Garten von Davis.

Ideal für Bike-Pausen ist der Davis Farmers Market mit über 150 Verkaufsständen. Dort gibt es fast alles für ein schönes Picknick – vielleicht im Park am Botanischen Garten UC Davis Arboretum oder vor oder nach einem Art Walk im Manetti Shrem Museum, das sich als „Hub" für Kreativität versteht.

Mieträder:
Green Bicycle Depot, 965 Olive Dr., Davis, Tel. 1 530 759 08 28, www.greenbicycledepot.com

Bike Barn, 1 Shields Ave. (TB 24), Tel. 1 530 752 25 75, https://bikebarn.ucdavis.edu/rentals

Schöne Ziele:
Campus: 1 Shields Ave., www.ucdavis.edu; Botanischer Garten: 448 La Rue Rd., https://arboretum.ucdavis.edu; Farmers Market: 301 C St., www.davisfarmersmarket.org, Sa., Mi.; Museum und mehr: www.ucdavis.edu/campus-life/arts-culture

Nördliches Kalifornien

*

NATURAL BEAUTY

*

Der Norden steht für raues Meer, steinalte Coastal Redwoods, bizarres Vulkanland und mystische Berge. Legendär sind die Einsamkeit und die Weingebiete Napa und Sonoma.

Das Wasser des Burney Falls im McArthur-Burney Falls Memorial State Park fällt so malerisch wie tosend – rund 40 Meter tief, von Regen oder Schnee unabhängig.

Point Reyes Historic Lighthouse ist bei gutem Wetter und über 300 Stufen erreichbar.

An Drakes Beach in Point Reyes National Seashore ist einst der englische Eroberer Sir Francis Drake angelandet.

Die Straße ist kurvig und eng, es ist stockdunkel – bis auf einmal helle Punkte funkeln. Dann erfasst der Autoscheinwerfer die Augenpaare von drei, vier Rothirschen. Sie scheinen ins Auto zu schauen, grasen dann ruhig weiter an der Böschung. Von Laternen weit und breit keine Spur. Die Begegnung ist typisch für den abgelegenen, ruhigen Norden. Sogar am Tag kreuzt Wild den Weg im Naturschutzgebiet Point Reyes National Seashore. Es misst 300 Quadratkilometer, liegt zwischen Pazifik und Tomales Bay, einer Art Fjord, gerade mal 50 Kilometer nördlich des Golden Gate und doch so weit weg vom dortigen Hype. An der Seashore beginnt der natürlich schöne Norden mit Dünen, Wiesen und Kliffs.

NEBEL, SONNE UND GLÜCKLICHE KÜHE

Selbst der Nebel zieht vom kühlen Meer malerisch über die Landschaft. Der Wagen rollt über den Sir Francis Drake Boulevard, der nur ein Sträßchen ist. Er führt durch hügeliges Buschland und Wiesen mit Wildblumen. Möwen, Papageientaucher und Albatrosse begleiten die Fahrt. Im Naturschutzgebiet leben 490 Vogelarten, Kojoten, Luchse und Tule-Elche. Auch grasen Rinder hier mit bester Aussicht aufs Meer. Die Weiden gibt es nur dank Sondererlaubnis, und die Rinder müssen auf natürlichen Wiesen gezogen werden – wie vor 150 Jahren. Menschen wohnen nur noch limitiert an der Point Reyes National Seashore – auf den wenigen alten Ranches. Diese Regeln gelten seit etwa 1960 von Staats wegen. So ist und bleibt das Natur-Kleinod auch frei von Villen in bester Strandlage.

Eureka an der Humboldt Bay mit der Woodley Island Marina

ALEXANDER VON HUMBOLDT

Was der große Naturgelehrte und Global Player mit Nordkalifornien zu tun hat.

Humboldt Bay, Humboldt County, Humboldt Bay Maritime Museum, Humboldt Botanical Garden – am 40. Breitengrad der US-Westküste ist der Name Humboldt auffällig oft vertreten. Der Deutsche Alexander von Humboldt war international anerkannter Naturwissenschaftler und Forschungsreisender. Er fuhr auch um 1800 per Dreimaster in die Neue Welt – aber nicht zur nördlichen Pazifikküste der USA. Trotzdem zog der Name Humboldt am Bay ein. Das County hat dafür keine offizielle Erklärung. Wikipedia verweist auf die Seeleute Douglas Ottinger und Hans Buhne: Die beiden hätten das Bay zu Ehren des Forschers nach ihm benannt. Im Buch „Engineers at the Golden Gate" steht es etwas detaillierter: 1850 kamen Ottinger und Buhne in die Gegend. Und Ottinger habe am 14. April 1850 am Bay eine Stadt namens Humboldt City gegründet – aus Respekt gegenüber dem Gelehrten.

Carson Mansion, heute in Besitz eines Gentlemen's Clubs, ist eines der vielen schönen Gebäude aus viktorianischer Zeit in Downtown Eureka, …

… zu denen auch das Café Waterfront gehört, hinter dessen Fassade sich eine Austernbar verbirgt.

The Tides Wharf & Restaurant serviert bei herrlichem Blick frisches Seafood in Bodego Bay, das als Drehort einer Hitchcock-Verfilmung bekannt ist.

Für die Coastal Redwoods, wie sie auch im Jedediah Smith Redwoods State Park seit Jahrhunderten gedeihen (oben), ist die rotbraune Rinde typisch. Die Natur hier wirkt verwunschen, selbst am besseren Waldweg (unten), der Teil des Howland Hill Scenic Drive im State Park ist.

SIR FRANCIS DRAKE UND ACHT METER ABSTAND

Die Dünen münden an kilometerlange Sandstrände, wo im Frühjahr und Herbst Grauwale vorbeiziehen. Nach Sir Francis Drake benannt sind ein Beach – an dem er 1579 anlandete, wie ein Schild verrät – und die Bucht an der Südseite der Landzunge, Drakes Bay. An Drakes Beach räkeln sich Seelöwen, suhlen sich im Sand, grunzen „Oink, oink, oink".

Auf Schildern raten Behörden in witzigen Worten, sich ihnen nicht zu nähern: „Sometimes the best relationship is a long-distance relationship." (Manchmal ist die beste Beziehung die auf weite Distanz.) Und schreiben dann bei Strafe vor, acht Meter beziehungsweise zwei Autolängen Abstand zu halten. Andere Schilder warnen vor Monsterwellen und der Strömung. Heftigst umtobt der Pazifik den äußersten Zipfel der Seashore, wo seit 1870 das Point Reyes Historic Lighthouse am Felsen kauert.

»DIE NATIONALPARKS SIND DIE BESTE IDEE, DIE WIR JE HATTEN. ABSOLUT AMERIKANISCH, ABSOLUT DEMOKRATISCH.«

Umweltaktivist Wallace Stegner (1909–1993)

URALTE REDWOODS AN DER KÜSTE

Weiter geht es über die CA 1 nach Norden. Rauer, kalter Pazifik und steife Brisen sind ständige Begleiter. Dann verlässt die CA 1 das Meer – führt in die Welt der Redwoods-Giganten. Diese Bäume sind 1000 Jahre alt und älter und 100 Meter hoch und höher. Ihr Reich beginnt, wo die CA 1 im HW 101 aufgeht. Der hat seinen besten Teil hier oben bei Eureka im Humboldt Redwoods State Park und weiter nördlich im Jedediah Smith Redwoods State Park bei Crescent City. In den beiden Parks wachsen die Coastal Redwoods noch in Fülle, erklärt Josh Smith, Nature Guide und Bootsführer von Redwood Rides am Jedediah. „Die große Anzahl verdanken wir hiesigen Naturschutzaktivitäten von 1920, 1930. Im Süden wurden sie ab 1850 massenhaft gefällt."

Im Jedediah am Howland Hill Road Scenic Drive wandert Nicole aus Tennessee umher. Und regt sich über den privaten Drive Through Tree Park

Der Humboldt Lagoons State Park (links) weit im Norden gehört zu den Redwood National and State Parks. Hier ist die Chance, Wapitis zu entdecken, erfreulich hoch.

Im Lassen Volcanic National Park ist Naturnähe angesagt: meditatives Fliegenfischer auf dem Manzanita Lake vor dem Mount Lassen …

… und Action beim Rafting mit American Whitewater Expeditions am South Fork des American River östlich von Sacramento.

Wildwestromantik: Highlands Ranch Resort (o.) in Mill Creek, Marshall Gold Discovery State Historic Park (r.)

südlich bei Leggett auf. Der lockt damit, dass Autos durch den Stamm des Titanen namens Chandelier fahren dürfen. „Wie respektlos." Ähnlich kommerziell: der Park Trees of Mystery bei Klamath.

EIN CUT – UND RICHTIG SCHÖNE EINSAMKEIT

Im Landesinnern mutiert der Norden zur alpinen Welt der Northern Mountains mit Seen wie dem Lake Shasta, mit riesigen Fichten- und Kiefernwäldern wie dem Modoc National Forest. Statt Möwen schweben Adler durch die Lüfte. Der Wechsel, auch klimatisch, kommt durch die Cascade Range, die Binnenland und Redwoods-Küste in Nord-Süd-Richtung trennt. Auf den kurvigen, engen Landstraßen fühlt man sich oft richtig schön einsam und ist es: Countys (vergleichbar deutschen Landkreisen) sind quasi menschenleer. So zählt Lassen County pro Quadratkilometer – statistisch – 2,9 Bewohner.

KICK AUCH OHNE GEIST

Mother Nature dominiert, scheint beherrscht vom 4322 Meter hohen Mount Shasta mit seinem breiten weißen Gipfel. Der ruhende Vulkan war den Native Americans heilig. Sein Einfallstor ist die Mini-City of Mount Shasta. Im Stadtbild fallen Outdoor-Sportler in Funktionskleidung ins Auge, ebenso Hippies im typischen Look. Alle suchen am Mount Shasta ihren Kick: Die Alpinisten wandern auf den Viertausender nur bei Kletterexpertise. Die Hippies suchen nach Mystik und sitzen dafür manchmal direkt an der Bergstraße für die Autos. Die trägt einen bequem in Serpentinen bis auf 2500 Meter. Hier endet die Straße – Weite und Stille beginnen.

WIE IM MÄRCHEN

Südlich vom Mount Shasta versteckt sich der McCloud River im Wald. Die Native Americans hielten den Fluss ob seines Forellenreichtums für gesegnet. Das ist er immer noch. Der McCloud fließt wie verträumt durch sein steiniges Bett. Der River hätte viel zu erzählen: von Trappern, die um 1820 als erste Nicht-Native-Americans hierher vordrangen; von Siedlern, die sich alles aneigneten, den Ort McCloud bauten und ihn um 1900 zum Zentrum der Holzwirtschaft gemacht hatten; vom Ende der Sägewerke im Ort in den 1960ern. Vom Wohlstand um 1900 zeugen schmucke viktorianische Häuschen.

ABWECHSLUNG IM RUHIGEN NORDEN

Nicht mehr weit von hier ist das Nordtor des Lassen Volcanic National Park. Und nahe dessen Südtor in Mill Creek tauschen sich am Tresen schnell Locals mit Touristen aus: „Woher kommst Du, wohin geht es?" Sacramento, Hauptstadt von California State, und Eldorado sind letzte Posten des ruhigen Nordens – vor der hektischen Bay Area. Eldorado ist reich an Apfelwiesen und Weinbergen. Noch. Einiges ist in Bewegung, wie aus dem Boden gestampfte Communitys zeigen. Hier ist das Leben bezahlbar, daher pendeln viele zur Arbeit in die teure Bay Area.

Sulphur Works im Lassen Volcanic National Park: Im Gestein blubbert eine kochende beige-graue Masse.

»DIE VOM NEBEL GEKÜHLTE LUFT LÄSST UNSERE TRAUBEN LANGSAM ZUM VOLLEN AROMA REIFEN.«

Der Winzer Lester Schwartz baut auf seinem Weingut Fort Ross Vineyard & Winery zwischen Jenner und Timber Cove im Küstengebirge Weiße wie auch elegant-pfeffrige Pinot noir mit wenig Tannin und raffinierte rare Pinotage aus, die trocken-mineralisch munden.

Kalifornischer Wein – Napa und Sonoma

GUTE TROPFEN IM ÜBERFLUSS

Kaliforniens teuerste Weine kommen aus dem Norden – aus dem Napa Valley. Westlich liegt Sonoma, hat einzigartige Lagen auch direkt am Pazifik und generiert herrliche Rote und Weiße. Sonoma beheimatet auch Kaliforniens ältestes Weingut in Familienhand.

Genau deshalb kommt man hierher: Weinprobe mit viel Spaß in der Gundlach Bundschu Winery, dem ältesten Weingut Kaliforniens in Familienhand.

An den Weinen von Napa Valley geht weltweit kein Weg vorbei. Diese messen sich mit Top-Franzosen aus dem Burgund und dem Bordeaux, auch bei den Preisen. Dass es soweit kam, ist Robert Mondavi geschuldet. Denn er gründete 1966 in Napa seine Robert Mondavi Winery, kreierte Weine auf Spitzenniveau und wusste sie international zu vermarkten. Der Top-Weinführer Johnson schreibt in seiner Ausgabe 2020: „Die besten Cabernet-Sauvignon-Trauben aus Napa kosten 20 000 $ pro Tonne, aus Sonoma nur 5 000 $. Beides von alten Reben aus Höhenlagen.“ Das zeigt die Verhältnisse beider Regionen – beide sind direkte Nachbarn, eine Autostunde nördlich von San Francisco.

INTERNATIONALE NAMEN

Napa mit rund 500 Weingütern, Restaurants und Hotels – alle hochpreisig – liegt landeinwärts vor den Mayacamas Mountains. Das an Fläche viel größere Sonoma reicht bis an den Pazifik, verteilt seine Weingüter großzügig und passt besser für kleinere Budgets. Exkursionen zu Winzern und ihren Tasting Rooms führen in Sonoma über kurvige Sträßchen, durch Weiler und Wälder, Obstwiesen und Weiden.

Unter internationalen Namen ist Gallo mit seinen Massenweinen in vieler Munde (www.gallo.de) und produziert im Central Valley; in Sonoma macht Gallo seine Signature Series, seine Spitzenweine. Oder das Weingut Iron House im Green Valley: Es kam zu Ruhm mit seinem Sekt, den das Weiße Haus Gästen kredenzte. Und Regiestar Francis Ford Coppola und Familie sind Weinbauern und Winzer nahe dem Städtchen Healdsburg im Norden. In Healdsburg, einer Kleinstadt mit Topadressen nicht nur zum Shoppen, residiert auch das Fine Dining Single Thread und ist mit aktuell drei Michelin-Sternen dekoriert.

Wer seinen Chef Kyle Connaughton nach seinem Lieblingswein fragt, der erfährt: „Meine Lieblingstraube hier ist der Pinot noir. Nach

Das Ehepaar Lester und Linda Schwartz aus Südafrika kaufte 1988 das Berggelände in Sonoma County direkt an der Küste und formte daraus sein Weingut Fort Ross Vineyard & Winery.

dem Lieblingskellermeister zu fragen, das ist so, als würde man Eltern nach dem Lieblingskind fragen." An offenen Pinot noir schenkt er u. a. einen Raen Royal St Robert 2014 von der Sonoma Coast aus – für 24 $/Glas.

REBEN IN SALZIGEM WIND

Bei den roten Trauben dominieren im Sonoma-Weinland Cabernet Sauvignon und gerade auch Pinot noir, plus Merlot, Zinfandel und Syrah. An weißen überwiegen Chardonnay plus Riesling und Gewürztraminer.

Letzterer liefert die Traube für die Spezialität des ältesten Weinguts Kaliforniens in Familienhand: der Gundlach Bundschu Winery im südlichen Sonoma County. Sie bearbeitet seit 1858 ihre Scholle im Sonoma Valley, benannte sie nach ihrer deutschen Herkunft „Rhinefarm" und baut an roten Rebsorten u. a. Cabernet Franc, Zinfandel und Tempranillo aus.

Ausschließlich Weine aus der Traube des Pinot noir ziehen die Emeritus Vineyards auf der Hallberg Ranch; sie liegen im Green Valley nahe dem Russian River Valley und wurden 1999 begründet von Brice Jones, nachgefolgt von Tochter Mari. Winemaker ist David Lattin. Die Trauben reifen nach der Fermentierung in Eichenfässern aus französischer Limousin-Eiche. Das bringt den nach schwarzen Kirschen duftenden und schmeckenden Hallberg Ranch Pinot noir hervor. Der weiße Hallberg blanc schmeckt dezent nach Stachelbeere.

Zum Weingut Fort Ross Vineyard & Winery kam Winemaker Jeff Pisoni hinzu. Winzer Lester Schwartz: „Zu Anfang testeten wir diverse Rebsorten im rauen maritimen Klima, das heißt unter den salzigen Winden, in regelmäßigem Nebel und kühlen Nächten."

FAKTEN & INFORMATIONEN

Die offiziellen American Viticulturale Areas (AVA) sind Alexander Valley, Chalk Hill, Sonoma Valley; in Rchtg. Meer von Osten her liegen die AVA Russian River Valley, Sonoma Mountains, Carneros; in den Bergen am Pazifik die Sonoma Coast und Fort Ross Seaview (www.sonomacounty.com, s. auch Wild Hog Vineyard, „Urlaub erinnern").

Fine Dining Single Thread: www.singlethreadfarms.com
Raen Winery: www.raenwinery.com
Gundlach Bundschu Winery: www.gunbun.com
Emeritus Vineyards: www.emeritusvineyards.com
Fort Ross Vineyard: www.fortrossvineyard.com

Verlockend – Traubenfülle im Napa wie Sonoma Valley

Zwei Genussorte von vielen im Sonoma Valley: einer ist der Weinkeller der Gundlach Bundschu Winery (oben), der andere der Tasting Room im Fort Ross Vineyard – mit Häppchen …

Oregon
Klamath Mts.
Siskiyou Mts.
Redwood Empire
Sacramento Valley
Sierra Nevada
Warner Mts.
Eagle Point
Brownsboro
Mt. McLoughlin 2894
Modoc Point
Beatty
Bly
Valley Falls
Gold Beach
Wilderville
Grants Pass
Medford
Sprague River
Quartz Mtn.
Geyser Hot Springs
Drake Pk. 2561
Warner Pass (1781)
Pistol River
Murphy
Applegate
Central Pt.
Ashland
Aspen Lake
Klamath Falls
Bly Mtn. Pass (1550)
Lakeview
Kerby
Cave Jct.
Cascade-Siskiyou Nat. Mon.
Keno
Dairy
Bonanza
Drews Res.
Drew's Gap
Brookings
O'Brien
Oregon Caves Nat. Mon.
Copper
Siskiyou
Worden
Merrill
Lorella
Langell Valley
Goose L.
New Pine Creek
Hazelview Summit (637)
Collier Tunnel
Hilt
Copco
Klamath Riv.
Dorris
Tulelake
Tule L.
Clear Lake Res.
Willow Ranch
Smith River
Gasquet
Klamath River Lodge
Fandango Pass (1859)
Pt. St. George
Crescent City
Happy Camp
Hamburg
Yreka
Mt. Hebron
Perez
Davis Creek
Upper L.
Redwood N.P.
Clear Creek
Ft. Jones
Grenada
Cougar
Bray
Alturas
Cedar Pass (1935)
Cedarville
Klamath
Yurok Ind. Res.
Johnsons
Greenview
Gazelle
Weed
Mt. Shasta 4317
Canby
Somes Bar
Callahan
Bartle
Pondosa
Day
Lookout
Adin
Eagleville
Orick
Forks of Salmon
McCloud
Dunsmuir
Likely
Weitchpec
Hoopa Valley Ind. Res.
Cecilville
Sage Hen Summit
Bieber
Nubieber
Trinidad
Hoopa
Thompson Pk. 2744
Trinity Center
Big Bend
Fall River Mills
Madeline
Willow Creek
Lake-head
Burney
Arcata
Blue Lake
Burnt Ranch
Clair Engle L.
Shasta L.
Round Mountain
Eureka
Humboldt B.
Big Bar
Weaverville
Central Valley
Subway Caves
Ravendale
Loleta
Fortuna
Douglas City
Redding
Old Station
Eagle Lake
Ferndale
Rio Dell
Scotia
Bridgeville
Forest Glen
Shingletown
Lassen Pk. 3187
Lassen Volcanic Nat. Park
Merrillville
Susanville
Litchfield
Cape Mendocino
Petrolia
Weott
Platina
Cotton-wood
Mineral
Fredonyer Summit
Westwood
Humboldt Redwood State Park
Avenue of the Giants
Paynes Creek
Almanor
Honey L.
Engelmine
Zenia
Red Bluff
Milford
Shelter Cove
Garber-ville
Mt. Lynn 2466
Los Molinos
Greenville
Indian Falls
Belden
Doyle
Corning
Keddie
Leggett
Round Valley Ind. Res.
Paskenta
Hamilton City
Jarbo Pass (710)
Portola
Beckwourth Pass (1588)
Covelo
Mendocino Pass
Blairsden
Chilcoot
Laytonville
Dos Rios
Chrome
Orland
Chico
Paradise
La Porte
Westport
Oroville Res.
Feather Falls
Loyalton
Elk Cr.
Downieville
Sierraville
Longvale
Willows
Oroville
Yuba Pass
Fort Bragg
Noyo
Snow Mt.
Stonyford
Codora
Princeton
Willits
Mendocino
Albion
Ridgewood Summit
Redwood Valley
Lodoga
Gridley
Grass Valley
Emigrant Gap
Donner Pass
Truckee
Tahoe City
Navarro
Maxwell
Colusa
Marysville
Ukiah
Upper Lake
Yuba City
Philo
Lucerne
Williams
Colfax
Wentworth Sprs.
Boonville
Clear L.
Russian Riv.
Arbuckle
Wheatland
Pt. Arena
Hopland
Clearlake
Lincoln
Lower Lake
Dunnigan
Knights Landing
Rubicon Riv.
Auburn
Georgetown
Pacific House
Gualala
Adams
Whispering Pines
Roseville
Newcastle
Cloverdale
Geyserville
Middletown
Guinda
Linda
Citrus Heights
Placerville
Stewarts Point
Esparto
Woodland
Carmichael
Rancho Cordova
Somerset
Lake Berryessa
Calistoga
Winters
Davis
Sacramento
Guerneville
Florin
Plymouth
Drytown
Bear Valley
Jenner
Sebastopol
Sta. Rosa
Vacaville
Dixon
Elk Grove
Michigan Bar
Pioneer
Feestone
Yountville
Ione
Jackson
Bodega Bay
Napa
Clay
Mokelumne Hill
Tomales B.
Sonoma
Fairfield
Galt
Arnold
Petaluma
Rio Vista
Lockeford
Lodi
Valley Sprs.
San Andreas
Douglas Flat
Vallejo
Collinsville
Mokelumne Aqueduct
Angels Camp
Novato
Benicia
Pittsburg
Antioch
Bellota
Sonora
Pt. Reyes
Drakes Bay
S. Anselmo
Richmond
Concord
Stockton
Linden
Tuolumne
Tuttle Town
El Cerrito
Walnut
Farmington
Sausalito
Berkeley
Manteca
Golden Gate Bridge
Escalon
Oakdale
Keystone
Groveland
San Francisco
Oakland
Daly City
Tracy
Riverbank
Maßstab 1:2.000.000
0
40 km
1
2
3
4
5
6
7

NATURPHÄNOMENE, URGEWALTEN, EINSAMKEIT UND SÜFFIGES

Der Norden ist ein Paukenschlag der Natur, trotzdem ruhig, oft sogar einsam. Statt Hotelketten warten individuelle Hotels, Bed & Breakfasts, RV-Parks, Campsites und Guest Ranches. Reisende lassen sich die salzhaltige Brise um ihre Nase wehen. Den Roadtrip begleiten große Funklöcher.

1 POINT REYES NATIONAL SEASHORE

Das Schutzgebiet der **Point Reyes National Seashore TOPZIEL** umfasst 300 km² zwischen Tomales Bay und Meer. Nur limitiert geduldet sind Weiden und Kühe, Bewohner noch viel weniger.

Farm am Sir Francis Drake Boulevard an der Point Reyes National Seashore

SEHENSWERT

Das **Bear Valley Visitor Center** erinnert von außen an eine Scheune und zeigt innen Exponate aus der Ära der Indianer, der Mexikaner und der Siedler und ihrer Ranches (1 Bearvalley Rd., Point Reyes Station, www.visitmarin.org, tgl. 10.00 bis 17.00 Uhr).

Das **Kenneth C. Patrick Visitor Center** widmet sich dem englischen Seefahrer Sir Francis Drake, der hier anlandete und das Gebiet als Nova Albion für seine Heimat reklamierte (1 Drake's Beach Rd., Inverness, www.nps.gov/pore, tgl. 9.30–16.30 Uhr). An der äußersten Seashore ist das **Point Reyes Historic Lighthouse** von 1870 nach Restaurierung wieder zu besichtigen (27099 Sir Frances Drake Blvd., Inverness, www.nps.gov/pore, Fr.–Mo. 10.00–16.30 Uhr).

ERLEBEN

Stolze 300 Kilometer **Wanderwege** durch Dünen und über Strände warten auf Spaziergänger und Hiker, die verschiedene Vogelarten sehen können (www.nps.gov/pore, Link: „Plan your visit").

RESTAURANTS

$$ **Sir & Star** in Olema kocht kreativ-regional (10000 Sir Francis Drake Blvd., Olema, http://sirandstar.com). Austern frisch vom Tomales Bay verkauft die alteingesessene Austernfarm $$ **Hog Island Oyster Co.** to go (20215 Shoreline HW, Marshall, https://hogislandoysters.com).

SHOPPING

Im Örtchen **Inverness** (https://pointreyes.org) bereitet der auf Bioprodukte ausgerichtete **IP-Market** (Inverness Park Market) köstliche „Organic"-Sandwiches zu (12301 Sir Francis Drake Blvd., Inverness Park, https://invernessparkmarket.com, tgl. 8.00–20.00 Uhr). Der **Point Reyes Farmers Market** offeriert auch die seit über 100 Jahren berühmte Butter von Point Reyes (11250 CA 1, Toby's Feed Barn, Point Reyes Station, https://pointreyesfarmersmarket.org, Juni–Okt. Sa. 9.00–14.00 Uhr).

UMGEBUNG

Bodego Bay ist mit 1000 Einwohnern klein und sein 150 Jahre altes Potter Schoolhouse bekannte Kulisse des Hitchcock-Thrillers „Die Vögel" (17110 Bodega Ln. nahe CA 1, www.bodegabay.com). Frisches Seafood serviert hier das Tides Wharf Restaurant ($–$$; www.innatthetides.com/tides-wharf-restaurant).

Etwa 16 km in nördl. Richtung, den **Sonoma Coast State Beach** entlang, führt die Küstenstraße CA 1 von hier nach **Jenner,** sie ist auch als HW 1 markiert – immer bergauf, bergab und mit meist unverstelltem Blick aufs Meer. Im Hinterland breitet sich das **Sonoma Wine Country** im Sonoma County rund um seine Kapitale **Santa Rosa** aus – rd. 50 km der „Wein-Straße" Bodega HW nach (siehe „Zur Sache – Gute Tropfen im Überfluss", S. 110; www.visitsantarosa.com).

Sie gehören zur Sonoma Coast: Möwen.

INFORMATION

Marin County Visitors Bureau,
1 Mitchell BV, Suite B, San Raphael,
Tel. 1 415 9 25 20 60, www.visitmarin.org

2 MENDOCINO

Küstenorte im Norden sind klein, Mendocino (900 Einw.) ist einer der bekanntesten. Einst zog er Künstler an, andere leisteten sich hier Villen mit lauschigen Gärten. Die wurden teils in hübsche B & Bs verwandelt.

SEHENSWERT

Die **Mendocino Coast Botanical Gardens** gedeihen in Toplage direkt am Meer. Fein und eine Seltenheit: ihre Rosen des 19. Jahrhunderts (18220 North HW 1, Fort Bragg, www.gardenbythesea.org, tgl. 9.00–17.00 Uhr).

HOTEL/RESTAURANT

Nahe Mendocino wohnt es sich angenehm mit Meerblick im $$ **Inn at the Schoolhouse Creek** (7051 North HW 1, Little River, www.schoolhousecreek.com). Das $$ **Trillium** ist gemütlich, zieht Kräuter selbst, kocht fein, auch vegetarisch; seine Gemüse-Gnocchi sind „homemade" (10390 Kasten St., Mendocino, https://trilliummendocino.com).

UMGEBUNG

Die kurvige CA 128 führt genüsslich ins apfelreiche und weinselige **Anderson Valley** (www.avwines.com) und nach Boonville (1000 Einw.), ein entspannt-dörflicher Pit-Stop. Im Ort ist das Boonville Hotel ein feines Roadhouse mit pfiffig möblierten Bungalows. Küchenchef Perry Hoffman und Team kochen auf hohem Niveau ($$, 14050 HW 128, Boonville, www.boonvillehotel.com). Um die Ecke verkauft die **Penny Royal Farm** ab Hof ihre süffigen Sauvignon blanc und Pinot noir rosé und ihre Käse wie den delikaten Bio-Ziegenkäse mit Blaubeeren (14930 CA 128, Boonville, www.pennyroyalfarm.com).

INFORMATION
California Welcome Center, 1699 HW 273, Anderson, https://www.visitcalifornia.com/welcome-centers

3 EUREKA

Im Norden wachsen die meisten uralten Coastal Redwoods. Ein Zentrum liegt bei Eureka am HW 101 N, der auch Redwood HW heißt.

SEHENSWERT
Im **Humboldt Redwoods State Park** versammeln sich noch viele Old-Growth-Giganten, da frühe Naturschutzpioniere sie in den 1920er-Jahren bewahrten. Viele alte Titane blieben im Rockefeller Forest als Teil des State Parks erhalten (17119 Ave. of the Giants, Weott, https://humboldtredwoods.org, Sunrise bis Sunset).

HOTEL/RESTAURANT
Old Style und zeitgemäßen Komfort verbindet das $$ **Victorian Inn Hotel** von 1890 nahe Eureka (400 Ocean Ave., Ferndale, www.victorianvillageinn.com). Austern gibt es bei **Humboldt Bay Provisions** in Eureka (205 G Street, www.humboldtbayprovisions.com; s. a. S. 115). $ **Samoa Cookhouse** war anno 1893 eine Kantine der Holzfäller und serviert nun im früheren Gastraum Deftiges und Meeresfrüchte (908 Vance Ave., Samoa, www.samoacookhouse.net).

Oyster Bar Humboldt Bay Provisions in Eureka

UMGEBUNG
Um die **Lost Coast** macht die CA 1 einen großen Bogen. „Lost", weil auf 50 km entlang der Küste nur Abgeschiedenheit wartet, v. a. in den Bergen der King Range (HW 101 N, nahe Shelter Cove, www.recreation.gov/permits/72192).

INFORMATION
Eureka Visitor Center: 240 E. St., Eureka, Tel. 1707 786 44 77, https://visiteureka.com; Redwood National & State Parks Information Center/Thomas Kuchel Visitor Center: 119441 HW. 101, Orick, Tel. 1707 465 77 65, https://home.nps.gov, Link: „Find a Park"

Sacramento ist, obschon Hauptstadt, mäßig busy – hier der Historic District.

4 JEDEDIAH SMITH REDWOODS STATE PARK

Idealer Standort zur Erkundung der abgelegenen Welt der **Coastal Redwoods TOPZIEL** ist Crescent City. Hoch im einsamen Norden liegt der besonders lohnende Jedediah Smith Redwoods State Park als Teil der Redwood National and State Parks. Landeinwärts vom Jedediah wartet tiefe Wildnis – bis der Staat im Nordosten im menschenleeren Modoc National Forest endet (www.redwoodparkconservancy.org).

SEHENSWERT
Der Old-Growth-Redwood-Hain am **Howland Hill Road Scenic Drive** versetzt zeitlich zurück, einst führte die Kutschentrasse hierüber (HW 199 E, Crescent City, www.parks.ca.gov, tgl. Sunrise bis Sunset). Im Meer auf seinem kleinen Felsen thront nahe Crescent City seit 1856 der Leuchtturm **Battery Point**, zu Fuß nur bei Ebbe erreichbar (577 H St., Crescent City, Tel. 1707 464 30 89).

ERLEBEN
Der **Smith River** fließt durch den Jedediah Smith, ist bei Niedrigwasser ideal zum Kajakfahren, bei Hochwasser zum Rafting (Tel. 1707 951 65 59, www.redwoodrides.com).

HOTEL
Direkt an der Küstenstraße durch Crescent City erwartet das $$ **Scopa at the Sea** seine Gäste im eleganten Cape-Cod-Stil (344 N Pebble Beach Dr., www.scopaproperties.com).

INFORMATION
Jedediah Smith Redwoods State Park Visitor Center: 1111 2nd St., Crescent City, https://www.parks.ca.gov/ParkIndex; Del Norte County Visitor Center: 1001 Front St., Crescent City, www.visitdelnortecounty.com

5 NORTHERN MOUNTAINS / MOUNT SHASTA

Landeinwärts tun sich ab Küste die Northern Mountains auf, als Teil der Coast Ranges. Dazu gehört der gut 4000 m hohe Mount Shasta. Die Berge stehen für geschützte Wälder, Seen, Flüsse – und Westernflair.

SEHENSWERT
Der **Mount Shasta** ist wie ein Solitär und drängt von Weitem ins Auge, lange bevor die Bergstraße unterhalb des Gipfels endet (Everitt Memorial HW – County HW A10). Das Bergdorf am Weg namens **City of Mount Shasta** auf 1100 m bedient gegensätzlichste Wünsche. Ein Highlight des **McArthur-Burney Falls Memorial State Park** ist der Wasserfall des Burney Creek. Sein Versorger, ein unterirdisches Reservoir, spendet 400 Mio. Liter pro Tag (24898 CA 89 Scenic Dr., Burney, www.burneyfallspark.org).

HOTEL
Um die Ecke vom Lake Shasta liegt das Bungalow-B&B $$ **The Inn at Shasta Lake** – ruhig, gepflegt und im Grünen (18026 Obrien Inlet Rd., Lakehead, www.theinnatshastalake.com).

INFORMATION
Mount Shasta Visitor Center, 300 Pine St., City of Mt. Shasta, Tel. 1530 926 48 65, https://visitmtshasta.com

6 LASSEN VOLCANIC NATIONAL PARK

Der **Lassen Volcanic National Park** ist bizarre Vulkanwelt. Seine Parkstraße CA 89 führt vom Nordtor zum Südtor. Jenseits der Tore wartet nach seiner Hölle wieder grüne Idylle.

SEHENSWERT
Vulkanische Phänomene, gar Urgewalten, ziehen die Besucher in den Park, ob **Bumpass Hell, Sulphur Works** oder **Brokeoff Mountain.** Wer am **Manzanita Lake** campt, kann bei wolkenloser Nacht Sterne gucken. Hauptroute durch den Park: Lassen National Park HW/CA 89 – von Norden über die CA 44 ab Redding; von Süden die CA 36 über Mineral (www.lassencounty.org).

HOTEL
Das $$$ **Highlands Ranch Resort** am Südtor liegt mitten im Lassen Forest (41515 HW 36 E, Mill Creek, www.highlandsranchresort.com).

INFORMATION
Kohm Yah-mah-nee Visitor Center, 21820 Lassen Peak HW/CA 89, Tel. 1 530 595 44 80, www.nps.gov/lavo

7 REDDING

Wenn die Berge im Landesinnern in die Ebene münden und das riesige Central Valley ansetzt, gerät Redding (100 000 Einw.) in den Blick – nach Hunderten Kilometern von Norden kommend die erste Stadt mit guter Infrastruktur.

SEHENSWERT
Reddings modernes Wahrzeichen ist die **Sundial Bridge,** wie eine Skulptur, entworfen von Santiago Calatrava (Sacramento River Trail, http://calatrava.com). Daneben: der **Turtle Bay Exploration Park** (844 Sundial Bridge Dr., www.turtlebay.org).

UMGEBUNG
Sacramento (500 000 Einw.; rd. 250 km südl.) ist die Hauptstadt von California State und ihr historisches Kapitol mit World Peace Rose Garden lohnt den Besuch (www.visitsacramento.com). In der Old Town zelebriert das **$$-$$$$ Firehouse TOPZIEL** in rustikaler Eleganz seit 60 Jahren Fine Dining und hält mehr als 1800 Weinpositionen im unterirdischen Gewölbe vor. Seine Auswahl preisen seit Dekaden renommierte Wein-Magazine (1112 Second St., Sacramento, Tel. 1916 4 42 47 72, www.firehouseoldsac.com). Im **County Eldorado** sind die Wege zum Verkosten guter Tropfen kurz, auf fünf Kilometern liegen allein vier Weingüter: Madrona Vineyard, Rucksack Cellars, Findleton Estate Winery (Camino, rd. 81 km östl. von Sacramento) und Nello Olivio Winery (https://eldoradowines.org).

INFORMATION
Sacramento Visitor Center: 1002 2nd St., Sacramento, Tel. 1916 8 08 76 44, www.visitsacramento.com
Redding: www.visitredding.com/visitor-center
Eldorado: https://visit-eldorado.com

ALLES GOLD?

In Coloma im County Eldorado fand James Marshall 1848 zufällig Gold-Nuggets – im American River. Er hatte an einer Holzmühle gebaut und sah im Fluss etwas blinken – Gold. Sein Fund löste 1849 den kalifornischen Goldrausch aus. Dem widmet sich der Marshall Gold Discovery State Historic Park (rd. 80 km östl. von Sacramento).

Marshall Gold Discovery State Historic Park
www.visit-eldorado.com

AUSTERNZUCHT NACHHALTIG

Austern gedeihen bei Eureka – üppig und nachhaltig. „Unsere Pacific Oysters und Kumamotos essen viele weltweit und wissen nicht, dass die Austern beziehungsweise ihre Babys von Eureka sind", erklärt Sebastian Elrite, während er sein Motorboot über das Humboldt Bay steuert. Er nimmt uns mit zu seinen Austern-Gründen – wir ernten dort unsere Portion.

Unterwegs erklärt er, warum Austern im Humboldt Bay nachhaltig wachsen: „Es liegt zwischen dem Pazifik und den Bergen, die filtern die Luft. Und mangels Menschen bleibt der Natur viel gutes Terrain auch im Bay." Zudem hielten die Gezeiten die Mikrowelt des Wassers frisch. „Das Bay ist amtlich zertifiziertes High-Health-Bay." Also hochgesund, auch zur Zucht. Seit den 1980er-Jahren ziehen Aquafarmen im Bay aus Laich Millionen Baby-Austern und exportieren sie zur Aufzucht auch nach Europa.

Captain Sebastian säubert die frisch gepflückten Austern aus dem Humboldt Bay

Was die Ernte zum Verzehr angeht: „Kaliforniens strenge Fischereiregeln verbieten es schon lange, die Austern dem Sandboden zu entreißen", so Sebastian. Er stoppt, gleitet in Anglerhose ins wegen Ebbe hüfthohe Wasser. Wer möchte, tut es ihm nach. Er hebt Leinen aus dem flachen Grund, an denen die Austern zu kleben scheinen, an denen sie gedeihen. Wir berühren sie leicht, betrachten sie aus der Nähe. Aber nur Sebastian pflückt die reifen Austern von den Leinen.

Die nachhaltige Tour dauert vier Stunden, startet um 11.00 Uhr und findet ab drei Personen statt – auch bei Regen. Sebastian steuert dabei zuerst Aquafarmen an, erklärt deren Equipment für die Aufzucht und das Procedere bis zur Ernte.

Kontakt und Treffpunkt: an der Oyster Bar, 205 G St., Eureka, https://humboldtbayoystertours.com

Kosten: 450 $ pro Gruppe (max. 6 Pers.), inkl. 12 Austern zum stilvollen Verzehr in der Oyster Bar Humboldt Bay Provisions (siehe S. 114)

HILFREICH & NÜTZLICH

Keine Reise ohne Planung. Praktische Informationen für die Reise und einiges Wissenswerte über Kalifornien haben wir hier für Sie zusammengestellt.

Durchs Death Valley führt der HW 190 teils als eine lange staubige Linie.

ANREISE

Flugverbindungen: Nonstop fliegt die Lufthansa ab Frankfurt am Main nach Los Angeles, San Diego und San Francisco; ab München nach Los Angeles (www.lufthansa.com). Der US-Carrier United Airlines bedient San Francisco ohne Zwischenstopp ab Frankfurt und München (www.united.com). Mit Stopover ist die Auswahl an Airlines und regionalen Airports in den Greater Areas größer. So fliegt United mit Umstieg in Chicago, Denver, New York oder Washington/Dulles etwa auch Anaheim bei Los Angeles an und American Airlines über Dallas/Fort Worth etwa auch San José International nahe San Francisco (www.aa.com).

AUSKUNFT

Folgende offizielle Organisationen bzw. Websites informieren über Orte, Hotels, Aktivitäten etc. quer durch Kalifornien.

Allgemeine Informationen
Visit California
555 Capitol Mall, Suite 1100,
Sacramento, Tel. 1 916 444 44 29,
www.visitcalifornia.com;
auf Dt.: www.visitcalifornia.com/de

California State
Der Staat informiert Reisende über Ziele und diverse Services in der Region, seien es „Travel Guides" (gratis zum Download) oder Lizenzen zum Angeln: www.ca.gov/visiting.

California Welcome Center
Die Büros halten Infomaterial vor und sind stark regional ausgerichtet.
https://www.visitcalifornia.com/welcome-centers/ (der gesuchte Ort kann online über das Suchfeld eingegeben werden)

Internet
Gesamt-USA:
www.visittheusa.de – zu allgemeinen Fragen bezüglich des Aufenthalts in den USA (Anfragen über Website sind möglich)
www.vusa.travel – interaktive Karte zu Einzelstaaten der USA, auch zu Kalifornien

Landschaften:
www.desertusa.com – Infos zu den Wüstenregionen Death Valley und Mojave in Kalifornien
www.alltrails.com – diverse Routen für Wanderungen, Rad- und Laufstrecken in Kalifornien

Parks/Nationalparks:
www.nps.gov
www.parks.ca.gov
www.reservecalifornia.com

AUTOFAHREN

Mietwagen: Die Autovermieter warten direkt an den Flughäfen, etwa Alamo (www.alamo.de). Es ist kostengünstiger, einen Wagen schon vor dem Abflug in Deutschland zu buchen – am besten als All-in-Paket inklusive Versicherungen, unbegrenzten Meilen, leerem Tank bei Rückgabe und allen Abgaben. All-in-Offerten gibt es zum Beispiel bei Sunny Cars in München (www.sunnycars.de). Der nationale **Führerschein** reicht bei manchen Autovermietern; es ist aber besser, einen internationalen Führerschein mitzuführen, auch für Polizeikontrollen.
Straßen: IS bedeutet Interstate, HW Highway
Navi: Im hohen Norden Kaliforniens hat das Mobilfunknetz oft Lücken. Dann fallen auch die Navigationsgeräte der Verleiher in Form von Smartphones aus, die über Mobilfunk arbeiten. Offline wie online navigiert zuverlässig die kostenlose deutsche App HERE WeGo; diese laden Sie am besten noch zu Hause samt Karte zu Kalifornien.

BOTSCHAFTEN UND KONSULATE

Generalkonsulate der Bundesrepublik Deutschland:
Los Angeles: 6222 Wilshire Blvd., Suite No. 500, Tel. 1 323 930 27 03, www.los-angeles.diplo.de
San Francisco: 1960 Jackson St., Tel. 1 415 775 10 61, www.san-francisco.diplo.de
Allgemeine Info: www.germany.info/us-deutschland

Österreichisches Generalkonsulat:
Los Angeles: 11859 Wilshire Blvd. Suite No. 501, Tel. 1 310 444 93 10, www.austria-la.org
Allgemeine Info: www.bmeia.gv.at

Schweizerische Generalkonsulate:
San Francisco: Pier 17, Suite No. 600, Tel. 1 415 788 22 72, www.eda.admin.ch/sf
Los Angeles: Konsularbezirk, 5757 W Century Blvd. 723, Los Angeles, Tel. 1 424 500 24 14
Allgemeine Info: www.eda.admin.ch/eda

EINREISE

ESTA: Deutsche, Österreicher und Schweizer reisen privilegiert ein. Dafür müssen sie vor Reisebeginn das ESTA-Formular online ausfüllen. Das sollte spätestens 72 Stunden vor Abflug online geschehen sein (https://esta.cbp.dhs.gov/) und kostet 14 US-Dollar (zahlbar per Kreditkarte oder PayPal).
Am Flughafen: Am Flughafen des ersten Kontakts kontrollieren die US-Einwanderungsbehörden Reisepass, ESTA und Gepäck. Das kann bis zu zwei, drei Stunden dauern. Das gilt auch, wenn der erste Kontakt nur ein Zwischenstopp ist. Die an Bord ausgehändigte Zollerklärung *(Customs Declaration)* muss also ausgefüllt sein,

das aufgegebene Gepäck vom Reisenden am Band abgeholt und durch den Zoll gebracht werden. Danach gibt der Reisende das Gepäck am Schalter Transfer Passenger wieder ab – zum Transport ans Ziel. Dort entfällt der Check von Pass, ESTA und Gepäck.

ESSEN

Kaliforniens Küche ist so multikulti und trendy wie die Einwohner. Vegetarisch, vegan, glutenfrei – alles ist selbstverständlich. Gute Küche gibt's schon lange, Spitzenköche ebenso. Da wundert's, dass Michelin erst 2019 seinen ersten Restaurant-Guide *California* auflegte (https://guide.michelin.com).

GELD

In Kalifornien gilt der US-Dollar ($). 1 US-$ entsprechen rd. 0,85 Euro bzw. 1 Euro entspricht rd. 1,16 US-$ (Stand Sept. 2021).

ÖFFNUNGSZEITEN

Am besten informieren Sie sich vor dem Besuch von Museen und Restaurants tagesaktuell. Öfter sind z. B. Strände von Sunrise bis Sunset zugänglich – von Sonnenauf- bis Sonnenuntergang.

REISEZEIT

Für Kalifornien gilt nicht eine einzige beste Reisezeit, das Klima ist zu unterschiedlich. In Nordkalifornien mitsamt San Francisco ist es an der Küste vom Frühjahr bis zum Herbst mild. Doch bei Nebel wird es richtig frisch. Chilly, also kühl, ist es auch ab Herbst bis Frühjahr. Dann regnet es im Norden, im Hochgebirge im Binnenland schneit's. In Südkalifornien, grob gesagt ab Los Angeles bis San Diego, ist der Sommer an der Küste heiß, die Winter sind eher mild. Die beste Reisezeit für den Süden: April bis Juni und September bis November.

Altes Schulhaus am Redwood Highway

In der Wüste im Osten und Südosten sind die Wintermonate Hauptsaison, dann ist es tagsüber nicht brütend heiß. Das gilt für Palm Springs wie fürs Death Valley und ebenso für das kleine Borrego Springs in der Anza-Borrego Desert. Die Zimmer kosten daher im Winter am meisten, sind dagegen im Sommer fast Schnäppchen, selbst das Hotel La Quinta (Waldorf Astoria) bei Palm Springs (siehe S. 64).

Wer zum Wintersport nach Kalifornien reist, trifft es in der High Sierra mit Lake Tahoe und Mammoth Lakes schon vor Weihnachten und bis in den April bestens an; in Mammoth Lakes fahren die Skilifte bis zum Sommer.

Extratipp: Der absolute Höhepunkt einheimischer Reisetätigkeit ist Thanksgiving – das Erntedankfest ist das Familienfest überhaupt und wird jedes Jahr am vierten Donnerstag im November gefeiert. Dann gelten Höchstpreise für Flüge und Benzin. Wer nicht muss, fliegt an den Tagen nicht.

RESTAURANTS

Im Vergleich zu Deutschland sind Restaurantbesuche im Golden State teurer. In Restaurants und Sportsbars mit Restaurant stehen Schilder „Wait to be seated" – „Bitte warten Sie, bis Sie das Personal zu einem Tisch führt". Gefällt der nicht und es gibt freie Tische, kann man die Alternative vorschlagen. Trinkgeld *(Tip)* ist wie generell in den USA kein Goodwill des Gastes, sondern wird immer erwartet.

PREISKATEGORIEN

$$$$	Hauptspeisen	über 40 $
$$$	Hauptspeisen	30–40 $
$$	Hauptspeisen	20–30 $
$	Hauptspeisen	10–20 $

Bistro Boudin in San Francisco: berühmt für seine Sauerteigbrote

SPORT

Baden: Der Pazifik bleibt selbst im Hochsommer kalt. Daher tragen Surfer, Kite-Surfer und Taucher meist wärmende Neopren-Anzüge.

Biken: Radeln ist in, sogar auf nostalgischen Rädern durch LA Downtown (zu mieten vor Ort). An der CA 1 am Meer entlang sind Mountainbikes oder Rennräder passend. Leihräder werden in den meisten Strandorten angeboten – von San Diego über Santa Barbara bis zur Hafenstadt Eureka, hier etwa bei Revolution Bicycle (www.revolutionsbicycle.com). Tipps zu Bike-Trails gibt es etwa bei www.bicycling.com, speziell für Mountainbikes bei www.singletracks.com.

Fischen: Dafür braucht man eine Erlaubnis *(permit)*, die es meist an der lokalen Tankstelle oder in Shops gibt. An den Stränden ist Fischen er-

DATEN & FAKTEN

Lage: Kalifornien liegt zwischen dem Pazifik im Westen und dem Hochgebirge High Sierra im Osten. Hinter der High Sierra dehnt sich Richtung Südosten die Mojave-Wüste mit Death Valley aus. Im Osten grenzt der Golden State an Nevada, im Norden an Oregon. Im Südosten bildet der Colorado River die Grenze nach Arizona. Im Süden kommt Mexiko.

Staat und Politik: Hauptstadt ist Sacramento. Der Demokrat Gavin Newsom ist 40. Gouverneur Kaliforniens, amtiert seit Jan. 2019 und war zuvor u. a. Bürgermeister von San Francisco. Den Bundesstaat vertreten in Washington im Senat derzeit zwei Senatorinnen, beide Mitglieder der Demokratischen Partei. Kalifornien unterteilt sich in 58 Countys (Verwaltungseinheiten, den Landkreisen in Deutschland vergleichbar).

Geografie und Natur: Der Pazifik und die 1350 Kilometer lange Küste machen die Westseite Kaliforniens mit Fels- und Sandstränden aus. Parallel zum Meer verläuft von Norden nach Süden die bewaldete Küstengebirgskette. Jenseits davon erstreckt sich ebenso von Norden nach Süden das fruchtbare Agrarland des Central Valley – bis sich in gleicher Ausrichtung die hochalpine High Sierra mit dem Mount Whitney erhebt, dem höchsten Berg der USA (4421 m). Im Südosten unter und hinter der High Sierra führt die Mojave-Wüste Regie und hat im Death Valley den tiefsten Ort der USA (85,95 Meter unter Null). Die Natur wird geschützt in neun National Parks, 18 National Forests und 280 State Parks & Beaches. In den Bergregionen wachsen Laubwälder und Nadelhölzer, gerade auch die Baumgiganten der Sequoia und Redwoods. Quasi kreuz und quer gedeihen in Kalifornien gute Trauben für mundende Weine und machen 90 % der US-Weinproduktion aus (siehe „Zur Sache", S. 108). Trockenheit und heiße Winde lösten in den Spätsommern 2017 bis 2021 schwere Waldbrände aus. Das heißt für Touristen auch, Umwege in Kauf zu nehmen und generell flexibel zu sein.

Fläche, Einwohner und Wirtschaft: Kalifornien ist der Fläche nach mit rd. 424 000 Quadratkilometern der drittgrößte Bundesstaat der USA, der Einwohnerzahl nach mit ca. 39,5 Mio. der größte. Wichtiges zu Kalifornien als Wirtschaftsmacht, nicht zuletzt durch das Silicon Valley mit Apple und Google, siehe „Zur Sache", S. 80).

Das sieht doch schon alles recht verheißungsvoll aus für Halloween, hier in Ramona ...

laubt, ebenso an den Piers in Santa Monica oder Santa Cruz sowie in den Flüssen und Seen etwa bei Mammoth Lakes. Wer mit der Angel auf die hohe See möchte, checkt an einer der vielen Marinas bei den Booten zum Deep Sea Fishing ein, etwa in Newport Beach.
Golfspielen: Die Plätze reichen von einfachen öffentlichen Anlagen mit 30 $ Spielgebühr bis zu Nobelclubs mit einigen 100 $ Green Fee, so am Pebble Beach bei Carmel. Wo es was gibt, zeigen Websites wie www.golflink.com oder www.golfadvisor.com.
Hiken: Die State und National Parks listen entsprechende Wanderwege auf (Websites siehe Auskunft). Informationen auch bei www.internationalalpineguides.com.
Klettern: Für den El Capitan im Yosemite N. P. braucht es hohe Kletterexpertise. Allg. Routen: www.alltrails.com, Suchfeld: „Rock Climbing".
Tennis: Fast jeder Ort, der etwas auf sich hält, hat öffentliche Tennisplätze, teils auch mit Flutlicht. Konkrete Adressen finden sich etwa bei www.tennispoint.com.
Whale Watching: Fürs Whale Watching ist die Küste Kaliforniens ideal, die Riesensäuger ziehen sichtbar hier vorbei – von Alaska nach Mexiko und vice versa. Bootstouren zu den ziehenden Walen gibt es diverse. Tierschützer sehen diese Angebote kritisch. Ein Anbieter ist San Diego Whale Watch (https://sdwhalewatch.com).
Wassersport: Segeln, Surfen, Kayak fahren, Stand-up-Paddeln – Verleiher von Equipment finden sich in allen Strandorten. Auf den Flüssen ist Rafting im Frühjahr nach der Schneeschmelze top, so auf dem Smith River hoch im Norden oder dem Kern River in den Foothills der High Sierra bei Bakersfield. Ein Anbieter ist American Whitewater (www.americanwhitewater.com).

GESCHICHTE

16. Jh.: Juan Rodriguez Cabrillo erkundet im Auftrag des spanischen Königs die nordamerikanische Westküste.
1769: Junípero Serra, Franziskanerpater, gründet bei San Diego die erste von 21 Missionsstationen Kaliforniens.
1821: Kalifornien wird mexikanische Provinz.
1848: Goldfunde bei Sacramento.
1850: Kalifornien wird 31. Bundesstaat der USA.
1911: Erstes Filmstudio in Hollywood.
1941: Japanischer Angriff auf Pearl Harbour und Eintritt der USA in den Zweiten Weltkrieg.
1955: Disneyland öffnet in Anaheim.
1965: Soziale Unruhen in Los Angeles.
1967: Hippies zelebrieren in San Francisco ihren „Summer of Love".
1969: An der Stanford University in Palo Alto kommunizieren erstmals zwei Computer miteinander – der Urknall des Internets im späteren Silicon Valley.
1984: Olympische Spiele in Los Angeles.
1989: Erdbeben der Stärke 6,9 auf der Richterskala nahe Santa Cruz.
1994: Death Valley und Joshua Tree werden zu Nationalparks.
2000: Börsencrash.
2002: Als erste Afroamerikanerin erhält die Schauspielerin Halle Berry einen Oscar.
2003: Arnold Schwarzenegger wird Gouverneur, setzt sich für Nachhaltigkeit ein.
2013: Schwule und Lesben dürfen in Kalifornien wieder heiraten.
2015: Heftige Waldbrände, ebenso 2017, 2019, 2020 und 2021.
2021: Gouverneur Gavin Newsom präsentiert den $100 Billion California Comeback Plan, das bisher größte Wirtschaftsprogramm des Staats Kalifornien.

WETTERDATEN

San Francisco	TAGES-TEMP. MAX.	TAGES-TEMP. MIN.	TAGE MIT NIEDER-SCHLAG	SONNEN-STUNDEN PRO TAG
Januar	15°	5°	11	5
Februar	16°	6°	10	7
März	19°	7°	10	8
April	19°	8°	6	9
Mai	21°	10°	3	10
Juni	23°	12°	1	11
Juli	22°	13°	1	9
August	23°	13°	1	8
September	25°	12°	1	9
Oktober	22°	10°	4	8
November	18°	7°	8	6
Dezember	15°	6°	11	5

UNTERKUNFT

Zur Auswahl stehen luxuriöse Lodges und spartanische Motels, Business- und Boutique-Hotels und Glamping-RV-Parks in der Wüste. Vorab buchen bietet sich an. „No Vacancy" bedeutet: ausgebucht. Zimmer haben Kingsize- oder Queen-Betten. Der Preis bezieht sich in der Regel aufs Zimmer, nicht auf die Personenzahl im Zimmer, jeweils plus „Tax" (Steuer). Generell die Ausnahme ist: Frühstück inklusive.

PREISKATEGORIEN

$$$$	Doppelzimmer	über 350 $
$$$	Doppelzimmer	250 – 350 $
$$	Doppelzimmer	150 – 250 $
$	Doppelzimmer	100 – 150 $

TELEFON

Vorwahlen:
Deutschland +49; Österreich +43; Schweiz +41; USA +1
In vielen Cafés und Restaurants wird kostenloses WiFi angeboten.
Notruf: 911

ZOLL

Mitbringsel bis zu 100 $ bleiben zollfrei, ebenso max. 200 Zigaretten, 100 Zigarren und ein Liter alkoholische Getränke. Mindestalter: 21 Jahre. Bargeld und Reiseschecks ab 10 000 $ sind dem Zoll bei der Einreise anzumelden. Obst darf generell nicht eingeführt werden, auch nicht der Apfel von unterwegs. Mehr Info zur US Customs and Border Protection: https://help.cbp.gov

REGISTER

Fette Ziffern verweisen auf Abbildungen

A/B

Anaheim 21, 32, 37, 118
Anza-Borrego Desert State Park **38/39**, 41, **44, 46–48**, 45, 46, 52, **53**, 53
Bakersfield 98, 99, 118
Berkeley 75, **79**, 81, 85
Beverly Hills 28, 30, 36
Big Sur **18/19**, 88, **97**, 98
Bodego Bay **103**, 113
Borrego Springs 42, 46, **47**, 52, 53

C

Carmel 88, **89,** 90, **97**, 97, 118
Carmel Beach 95, 97
Castle Rock State Park **79**, 85
Central Coast **86/87**, 88
Central Valley 81, 86, 87, 93, 117
Channel Islands National Park **121**, 121
Coachella Valley 53
Coastal Redwoods **104,** 105, 114
Convict Lake **62**, 68
Coronado Beach **94**, 94
Coronado Island **16/17**, 42, 51
Crescent City 105, 114
Cupertino 85

D/E/F

Davis **99,** 99
Death Valley 57, **58, 59**, 60, 68, **69,** 69, **116**, 117
Devils Postpile 68
Disneyland 37, 118
Eldorado 107, 115
Eureka **103**, 114, 115, 117
Fresno **92**, 93, 98
Furnace Creek 68, 69

H/I

Healdsburg 20, 109
Hearst Castle **92, 93**, 93, 98
Heavenly 63, **67**
Henry Miller Memorial Library 90, 98
High Sierra 57, 60, 67, 117
Hollywood 26, 28, **29**, 30, 36, 118
Humboldt Bay **102**, 102, 115
Humboldt Redwoods State Park 105
Huntington Beach 30, **31**, **36**, 37
Irvine **37**, 37

J/K/L

Jade Cove 98, **99**
Jedediah Smith Redwoods State Park **104**, 105, 114
Jenner 64, 108, 113
Joshua Tree National Park **44/45**, 45, 52, **53**
Kings Canyon National Park 58, **68**
Laguna Beach 20, **30**, **36**, 37
Lake Shasta 107
Lake Tahoe **54/55**, 60, **61**, **63**, 67, **94**, 95, 117
La Quinta 53, 64
Lassen Volcanic National Park **106**, **107**, 107, 114
Lone Pine 69
Los Angeles **22–29,** 23–30, 32, **33**, 33, **35,** 35–37, 48, **80**, 117, 118
West Hollywood 21, 36, 65

M

Malibu 36
Mammoth Lakes **63**, 68, 117, 118
Mammoth Mountain **62**, 63, **68,** 68
Manzanita Lake **106**, 114
Mariposa 68
McArthur-Burney Falls Memorial State Park **100/101,** 114
Mendocino 113
Mill Creek 65, **106**, 107
Modesto **92**, 93, 99
Modoc National Forest 107
Mojave-Wüste 67, 117
Mono Lake **63**, 63, 68
Monterey 91
Monterey Bay Aquarium **88**, **97**, 98
Moss Landing 85, 98
Mount Jacinto 53
Mount Shasta 107, 114
Mount Whitney 69, 117

N/O/P

Napa Valley 109
Newport Beach 37, 65, 118
Northern Mountains 107, 114
Oakland **78**, 78, 85
Oxnard 36
Pacific Grove **91**, 98
Pacific Palisades 36
Palm Desert 53
Palm Springs **43**, 48, 52, 117
Palo Alto 81, 85
Pebble Beach 90
Pfeiffer Beach **91**, 95
Pfeiffer Big Sur State Park 90, 98
Pioneertown 52
Point Loma 42, 51
Point Piedras Blancas 90
Point Reyes Historic Lighthouse **102**
Point Reyes National Seashore **102**, 102, 113
Point Sur State Historic Park 90, 98

R

Ramona **42**, 52
Redding 98, 115
Redwood National and State Parks 105
Redwoods **10/11**, 58, 105

S/T

Sacramento **81**, 107, **114**, 115, 118
Salton Sea 42
Sand Dollar Beach **90**, 95, **98**
San Diego 21, 39, **40–41**, 41, **43**, 48, 51, 81, 117, 118
San Francisco **12/13, 14/15,** 21, **70–78,** 71–78, **83–85,** 83–85, 118
San Joaquin River 57
San Joaquin Valley 99
San Luis Obispo 98
San Simeon 88, 90, 93
Santa Barbara 28, 37, 65, 117
Santa Cruz 97, 118
Santa Cruz Mountains 85, 97
Santa Lucia Range 90, 98
Santa Monica 36, 118
Santa Monica Beach 30, **95,** 95
Santa Ynez Mountains 37
Sequoia National Park **56**, 58, **60**, 68
Silicon Valley 73, 76, 81, 85, 117, 118
Solvang **30**, **31**, 37
Sonoma 109, **110**, **111**, 113, 120, **121**
Stanford **78**, 81, 118
Torrey Pines State Nat. Reserve 94
Twentynine Palms 45, 52
Twin Lakes 61, 68

V/Y

Venice Beach **31**, 36, 95
Yosemite National Park **8/9**, 57, **60,** 67
El Capitan **57**, 57, **67**, 118
Half Dome **57**, 57, 67

IMPRESSUM

1. Auflage 2021

Verlag: DuMont Reiseverlag, Postfach 3151, 73751 Ostfildern, Tel. 0711/4502-0, Fax 0711/4502-135, www.dumontreise.de
Geschäftsführer: Dr. Stephanie Mair-Huydts, Markus Schneider
Programmleitung: Birgit Borowski
Redaktion: Christiane Wagner, Leinfelden-Echterdingen
Text: Ulrike Wirtz
Exklusiv-Fotografie: Martin Sasse
Titelbild: Huber Images/Susanne Kremer (Golden Gate Bridge)
Zusätzliches Bildmaterial: S. 3 o., 37 M., r. Ulrike Wirtz; S. 69 r. Xanaterra Travel Collection, Oasis Resort; S. 85 M., r. Ulrike Wirtz; S. 99 M. mauritius images/Alamy/ David R. Frazier Photolibrary, Inc.; S. 99 r. mauritius images/Alamy/ZUMA; S. 121 o. r. mauritius images/Danita Delimont/Russ Bishop; S. 121 o. l., 121 u. Ulrike Wirtz; S. 121 M. mauritius images/Alamy/Bill Lea/Dembinsky Photo Associates;
Bildrechte: © für abgebildete Werke bei den KünstlerInnen: S. 26/27 M. Jeff Koons; S. 27 u. Aristide Maillol, Charles Ray; S. 47 Ricardo Breceda (Metallskulpturen); S. 72 M. l. Njideka Akunyili Crosby, „Wedding Portrait", 2012, M. r. Mickalene Thomas; S. 78 u. Ólafur Eliasson
Textquellen: S. 25 Ces Nooteboom, aus: Nootebooms Hotel, Frankfurt a. M., S. 302; S. 59 aus: www.businessinsider.com, 3.8.2019 (eingesehen 10.8.2021); S. 60 John Muir, aus: Chris Highland, „Meditations of John Muir – Nature's Temple", www.wildernesspress.com; S. 73 Mario Botta, aus: Philip Jodidio, Mario Botta, Köln 1999, S. 114; S. 76 zit. nach: Garin, Elon Musk Quotes: „The Ultimate Collection"; S. 121 De León, zit. nach Alexei Koseff, lt. Newsletter „Capitol Alert" vom 10.9.2018
Grafische Konzeption, Layout: CYCLUS · Visuelle Kommunikation, Stuttgart
Kartografie: © MAIRDUMONT GmbH & Co. KG, Ostfildern
Illustration: Grazyna Ostrowska-Henschel S. 6, 20, 64, 94
DuMont Bildarchiv: Marco-Polo-Straße 1, 73760 Ostfildern, Tel. 0711/4502-0, bildarchiv@mairdumont.com

 Erscheinungsweise: jeden zweiten Monat.

Anzeigenvermarktung: MAIRDUMONT MEDIA, Tel. 0711/4502-0, Fax 0711/4502-1012, media@mairdumont.com, http://media.mairdumont.com
Vertrieb Zeitschriftenhandel: PARTNER Medienservices GmbH, Postfach 810420, 70521 Stuttgart, Tel. 0711/7252-212, Fax 0711/7252-320
Vertrieb Abonnement: Leserservice DuMont Bildatlas, Zenit Pressevertrieb GmbH, Postfach 810640, 70523 Stuttgart, Tel. 0711/7252-265, Fax 0711/7252-333, dumontreise@zenit-presse.de
Vertrieb Buchhandel und Einzelhefte: MAIRDUMONT GmbH & Co KG, Marco-Polo-Straße 1, 73760 Ostfildern, Tel. 0711/4502-0, Fax 0711/4502-340
Reproduktionen: PPP Pre Print Partner GmbH & Co. KG, Köln

Printed in Germany

FSC www.fsc.org MIX Papier aus verantwortungsvollen Quellen FSC® C155291

WAS **NEHME** ICH MIT

Urlaub erinnern …

Wer möchte das alles nicht festhalten: Wildnis, Begegnungen, Momente in Städten. Zum Glück gibt es Mitbringsel, aber vor allem die Erinnerung – forever.

GROSSER JOHN MUIR

Im Yosemite Valley kaufte ich „Meditations of John Muir – Nature's Temple" – zusammengestellt von Chris Highland. Muir (1838–1914) erforschte die Wälder und Berge Kaliforniens, beschrieb alles begeistert und initiierte sogar die Gründung des Yosemite National Park. Autor Highland ergänzte 60 Aussagen von Muir mit Zitaten berühmter Philosophen und Gelehrter. www.wildernesspress.com

SOURDOUGH AUS SAN FRANCISCO

Was kam mit den Europäern in den Westen: Mehl, Salz, Hefe. So zog im 19. Jahrhundert der unserem Sauerteig verwandte Brotteig in San Francisco ein und gilt nun als köstliche lokale Spezialität, ob als Brötchen oder Baguette. Ein Sourdough-Baguette wanderte in meinen Koffer – natürlich von der Boudin Bakery, Traditionsbäcker am Golden Gate seit 1849. https://boudinbakery.com

TRAUMDESSERT IM SONOMA COUNTY

Aus lokaler Bio-Buttermilch macht Liza Hinman, Inhaberin des Restaurants in Santa Rosa, ihre Pannacotta, toppt sie mit geliertem Balsamico und drapiert sie mit Honig und Feigenspalten. Welch köstliche Geschmacksnoten. https://thespinstersisters.com

AIR MAX

Gegründet wurde die Sportmarke im Nachbarstaat Oregon, aber ich entdeckte und erstand meine ersten Nike-Laufschuhe in San Francisco. Und zwar eines der ersten Modelle des Nike Air Max. Bei dem blieb es für mich – in immer neuer Auflage. Und sie laufen und laufen. https://news.nike.com/news/history-of-nike-air

GUTES FÜR WEHWEHCHEN

Bekanntlich führen Drogerien-/Apotheken-Ketten wie CVS und Rite Aid Vitaminprodukte, Schmerzmittel etc. zu guten Preisen. Ich habe ein Pflaster gegen Schmerzen an Rücken, Knie oder Fuß entdeckt. Es enthält einen Wirkstoff, der über die Haut genau am Punkt abgegeben wird und wirkt. Zugegeben, sie kommen aus Japan. Ihr Name: Salonpas.

2015 SYRAH WILD HOG VINEYARD

Der Syrah wächst auf der Steilküste im Norden – im Wild Hog Vineyard der kleinen Sonoma-AVA Fort Ross Seaview. Eine Flasche hatte es gut verpackt nach Deutschland geschafft und mundet an einem Winterabend nach schwarzen Beeren, liegt erst samtig, dann fein-mineralisch, fast salzig auf der Zunge. Köstlich, was kühles Meer, Nebel und warme Sonne auf der Höhe gedeihen lassen. www.wildhogvineyard.com

NARBEN DER NATUR

So schön das Klima und die Natur im Golden State sind, so gnadenlos kann beides zusammentreffen. Die verbrannten Bäume, die immer wieder in den Blick rücken, zeugen davon – hier im Yosemite National Park –, und auch sie bleiben in Erinnerung.

»KALIFORNIEN WIRD IMMER FÜHREND BEIM KLIMASCHUTZ SEIN, ... GANZ GLEICH WER DAS WEISSE HAUS BESETZT.«

So äußerte sich 2018 der kalifornische Senator Kevin de León, Demokrat

CHANNEL ISLANDS NATIONAL PARK

Von seinen fünf Gebirgsinseln ist Santa Cruz die größte und von zwei Wächtern bewohnt. Besucher sind Hiker, Taucher und Grotten-Fans. Die Anreise im Speed-Boot dauert vom Festland ab Ventura zwei Stunden. Ab 1860 lebte eine Rancher-Familie auf Santa Cruz und zog hier Vieh. Was für eine harte Arbeit in der Einsamkeit. Das Boot brauchte einen Tag. www.nps.gov/chis

FLOWER-POWER-MOMENT AUF DEL CORONADO

Auf der Halbinsel vor San Diego traf ich im Juni 2019 auf diesen zig Jahre alten VW-Käfer (Foto). Der allein weckte schon nostalgische Gefühle. Seinen Lack zierten aber noch Blümchen und die Botschaften Peace und Love. 1967 hatte Scott McKenzie gesungen: „If you're going to San Francisco, be sure to wear flowers in your hair." Das Auto mit der Rammstoßstange ist mindestens so alt wie diese Hymne der Hippie-Bewegung.

LAGERFEUER AM PAZIFIK

Am Ufer auf den Felsen entzündet das Hotel Timber Cove (siehe S. 64) allabendlich ein kleines Feuer. Im Dunkel der Nacht verstecken sich seine dunklen Gebäude. Nur das gut 20 Meter hohe Peace-Totem von Benjamino Bufano, einem aus Italien stammenden Künstler, hebt sich gegen den Himmel ab. Das Rauschen des Meeres ist zu hören. Was für kostbare Momente innerer Ruhe.

VOR
SCHAU

HAMBURG

Alles anders, alles neu?
Hamburg erfindet sich neu: Dank Elbphilharmonie und HafenCity strömen mehr Touristen in die Stadt als je zuvor.

Shoppingtipps
Wo kauft die Hanseatin, der Hanseat? Die besten Adressen ...

Sprung über die Elbe
Ausflugstipps fürs Alte Land, in die Lüneburger Heide, nach Bergedorf oder Ahrensburg.

www.dumontreise.de

VENEDIG VENETIEN

Stadt der Wunder
Venedigs farbenfrohe Plätze sind grandios, doch ebenso reizvoll ist es, sich im Labyrinth der Kanäle zu verlieren.

Spiel der Masken
So traditionell der Karneval in Venedig auch wirkt – er ist es nicht ... .

Übernachten im Palast?
Wir halten ausgefallene Adressen zum Übernachten für Sie bereit.

LIEFERBARE AUSGABEN

DEUTSCHLAND

207 Allgäu
216 Altmühltal
220 Bayerischer Wald
180 Berlin
162 Bodensee
217 Brandenburg
175 Chiemgau, Berchtesg. Land
013 Dresden, Sächsische Schweiz
152 Eifel, Aachen
157 Elbe und Weser, Bremen
168 Franken
020 Frankfurt, Rhein-Main
112 Freiburg, Basel, Colmar
231 Hamburg
026 Hannover zw. Harz und Heide
042 Harz
023 Leipzig, Halle, Magdeburg
210 Lüneburger Heide, Wendland
188 Mecklenburgische Seen
038 Mecklenburg-Vorpommern
033 Mosel
190 München
047 Münsterland
223 Nordseeküste Schleswig-Holstein
006 Oberbayern
161 Odenwald, Heidelberg
035 Osnabrücker Land, Emsland
002 Ostfriesland, Oldenburger Land
164 Ostseeküste Mecklenburg-Vorpommern
154 Ostseeküste Schleswig-Holstein
201 Pfalz
040 Rhein zw. Köln und Mainz
185 Rhön
186 Rügen, Usedom, Hiddensee
206 Ruhrgebiet
149 Saarland
182 Sachsen
159 Schwarzwald Norden
045 Schwarzwald Süden
018 Spreewald, Lausitz
008 Stuttgart, Schwäbische Alb
141 Sylt, Amrum, Föhr
204 Teutoburger Wald
170 Thüringen
037 Weserbergland
173 Wiesbaden, Rheingau

BENELUX

156 Amsterdam
011 Flandern, Brüssel
179 Niederlande

FRANKREICH

177 Bretagne
021 Côte d'Azur
032 Elsass
228 Frankreich Südwesten Okzitanien
019 Korsika
213 Normandie
001 Paris
198 Provence

GROSSBRITANNIEN/ IRLAND

187 Irland
202 London
189 Schottland
227 Südengland

ITALIEN/MALTA/ KROATIEN

181 Apulien, Kalabrien
211 Gardasee
222 Golf von Neapel, Kampanien
163 Istrien, Kvarner Bucht
215 Italien, Norden
005 Kroatische Adriaküste
167 Malta
155 Oberitalienische Seen
158 Piemont, Turin
014 Rom
165 Sardinien
003 Sizilien
203 Südtirol
039 Toskana
232 Venedig, Venetien

GRIECHENLAND/ ZYPERN/ TÜRKEI

034 Istanbul
016 Kreta
176 Türkische Südküste, Antalya
229 Zypern

MITTEL- UND OSTEUROPA

104 Baltikum
208 Danzig, Ostsee, Masuren
169 Krakau, Breslau, Polen Süden
044 Prag
193 St. Petersburg

ÖSTERREICH/ SCHWEIZ

192 Kärnten
004 Salzburger Land
196 Schweiz
226 Tirol
197 Wien

SPANIEN/PORTUGAL

043 Algarve
214 Andalusien
150 Barcelona
025 Gran Canaria, Fuerteventura, Lanzarote
172 Kanarische Inseln
199 Lissabon
209 Madeira
174 Mallorca
225 Porto, Nordportugal
007 Spanien Norden
219 Teneriffa, La Palma, La Gomera, El Hierro

SKANDINAVIEN/ NORDEUROPA

166 Dänemark
212 Finnland
153 Hurtigruten
029 Island
200 Norwegen Norden
178 Norwegen Süden
151 Schweden Süden, Stockholm

LÄNDERÜBERGREIFENDE BÄNDE

224 Donau – Von der Quelle bis zur Mündung
112 Freiburg, Basel, Colmar
221 Kreuzfahrt in der Ostsee

AUSSEREUROPÄISCHE ZIELE

183 Australien Osten, Sydney
109 Australien Süden, Westen
218 Bali, Lombok
195 Costa Rica
024 Dubai, Abu Dhabi, VAE
160 Florida
036 Indien
205 Iran
027 Israel, Palästina
230 Kalifornien
031 Kanada Osten
191 Kanada Westen
171 Kuba
022 Namibia
194 Neuseeland
041 New York
184 Sri Lanka
048 Südafrika
012 Thailand
046 Vietnam